Richard Simonetti

ANTES QUE O GALO CANTE

CEAC
EDITORA

Catalogação na Fonte do
Departamento Nacional do Livro

```
S598a
      Simonetti, Richard
        Antes que o galo cante /Richard Simonetti. -
      Bauru, SP : CEAC Ed. 2003.
        144p.; 21

        ISBN 978- 85-86359-44-6

        1. Espiritismo. - I. Título

                                        CDD- 193.9
```

Capa:
Luiz Antônio Gonçalves

Diagramação:
Renato Leandro de Oliveira

Revisor - Colaborador:
Edson de Oliveira

4ª Edição - maio de 2018
1.000 exemplares
16.001 a 17.000

Copyright 2018 by
Centro Espírita Amor e Caridade
Bauru SP

Edição e Distribuição

Rua 15 de Novembro, 8-55
Fone / Fax 014 3227 0618
CEP 17015-041 – Bauru SP
www.editoraceac.com.br
www.radioceac.com.br
www.tvceac.com.br
ww.ceac.org.br

O maior milagre que Jesus operou, o que verdadeiramente atesta a sua superioridade, foi a revolução que seus ensinos produziram no mundo, apesar da exiguidade dos seus meios de ação.

...Condenado ao suplício que só aos criminosos era infligido, morre ignorado do mundo, visto que a História daquela época nada diz a seu respeito.

Nada escreveu; entretanto, ajudado por alguns homens tão obscuros quanto ele, sua palavra bastou para regenerar o mundo; sua doutrina matou o paganismo onipotente e se tornou o facho da civilização.

...Se em vez dos princípios sociais e regeneradores, fundados sobre o futuro espiritual do homem, ele apenas houvesse legado à posteridade alguns fatos maravilhosos, hoje mal, talvez, o conhecessem de nome.

Allan Kardec, em *A Gênese*, cap. XV, item 63

SUMÁRIO

Alguns Fósforos 09
Quando entra o Antagonista 13
Últimas Instruções....................................... 21
No Horto 33
A Negação e o Julgamento........................ 43
Diante de Pilatos 51
A Crucificação... 63
O Sepultamento... 75
Preparando o Cenário................................ 85
Vencendo a Morte 93
A Pesca Milagrosa...................................... 101
Apascentar as Ovelhas 107
O Retorno de Jesus.................................... 117
Os Quinhentos da Galileia 123
O Derradeiro Encontro 133
Últimas Palavras 141

ALGUNS FÓSFOROS

Ao longo de seis anos, nas reuniões públicas do Centro Espírita Amor e Caridade, em Bauru, desenvolvi estudos sobre a vida de Jesus. Busquei "trocar em miúdos" os aspectos mais importantes de seu apostolado, à luz da Doutrina Espírita.

Jesus situa-se como a figura maior da Humanidade. Sua existência é um repositório de ensinamentos e exemplos extraordinários, tão importante que os teólogos medievais chegaram a confundi-lo com Deus.

Sabemos, à luz da Doutrina Espírita, que o Mestre não é Deus, mas se situa como um enviado do Criador, que nos trouxe a mais bela e pura mensagem jamais oferecida à Humanidade.

Sobrepondo-se às limitações humanas, fez-se uno com o Pai, como exprime o apóstolo João, uma comunhão só alcançada por Espíritos de seu quilate, capazes de refletir o pensamento divino.

As gratificantes experiências na exposição da vida de Jesus renderam seis livros:

- Paz na Terra
Do nascimento ao início do apostolado.

- Levanta-te!
Primeiro ano.

- Tua Fé te Salvou!
Segundo ano.

- Não Peques Mais!
Terceiro ano.

- Setenta Vezes Sete
Derradeiras experiências.

Por último este livro, que trata do Drama do Calvário e das ocorrências envolvendo a ressurreição.

Para estudiosos e leitores interessados em consultar determinados temas ou passagens, estou incluindo dois índices: analítico e de textos evangélicos.

✵✵✵

O que ressalta, quando nos dispomos a aplicar a mensagem cristã às experiências do cotidiano, é a enorme distância que medeia entre o que idealizamos e o que fazemos, entre o sonho maravilhoso e a lamentável realidade de nossas imperfeições.

Os próprios companheiros, Espíritos superiores que vieram para colaborar com o Mestre, não se furtaram a essa dificuldade. Isso é marcante na negação de Pedro. Sempre tão efusivo, tão firme em suas convicções, disposto a seguir Jesus até a morte, vacilou, no inesquecível episódio do galo.

O apóstolo representava ali a condição humana. Ao longo destes dois milênios de contatos com o Evangelho, quantas vezes teremos, nós outros, reafirmado nossos propósitos de testemunhar a adesão ao Cristo? E quantas vezes teremos negado nossa crença, precipitando-nos no resvaladouro das ilusões?

Parece-me oportuno, portanto, que o título deste último livro da sequência evoque aquele episódio.

✱✱✱

Recordo velho ditado:

Quem acende uma vela é o primeiro a ser iluminado.

Não tenho a competência dos bons iluminadores. Apenas ofereço, amigo leitor, alguns fósforos.

Ficarei plenamente compensado se você puder aproveitá-los para acender o Cristo em seu coração, em favor de uma existência tranquila e feliz.

Bauru, junho de 2003.
www.richardsimonetti.com.br

QUANDO ENTRA O *ANTAGONISTA*

Mateus, 26:17-30
Marcos, 14:12-26
Lucas, 22:7-30
João, 13:1-35

Dentre as festividades da Páscoa, havia a ceia, cujo prato principal era um cordeiro, sacrificado em homenagem à fuga do Egito.

A tradição primeiro, depois a teologia, situariam Jesus como o Cordeiro de Deus, sacrificado para salvação dos homens.

A expressão *salvação* não se ajusta aos princípios espíritas. Ninguém está perdido, pois todos somos filhos de Deus e permanecemos sob seu olhar complacente.

Mesmo aqueles que se comprometeram na rebeldia e no desatino, no vício e no crime, não estão isolados na Criação. Por mais longe nos levem nossos desatinos, ainda assim permaneceremos nos domínios de Deus, regidos por leis soberanas que reajustam nossas emoções e renovam nossas ideias.

Jesus veio acelerar nossa jornada evolutiva. Alguém que nos mostrou que a reta do Bem é o caminho mais curto entre a animalidade que nos domina e a angelitude que devemos atingir.

É como se nos dissesse:

– Acompanhem meus passos, observem minhas lições. Seguirão mais rápido...

Portanto, não o imaginemos um *cordeiro,* a lavar nossos pecados com seu sangue.

Segundo o comentário de Allan Kardec, na questão 625, de *O Livro dos Espíritos,* Jesus foi abençoado modelo, o Espírito mais puro que já transitou pela Terra, a nos ensinar como cumprir as Leis Divinas, habilitando-nos a viver tranquilos e felizes.

***

O Mestre aproveitaria essa comemoração para transmitir as derradeiras instruções ao colégio apostólico.

Pediu aos discípulos procurassem um homem que lhes cederia sua residência, em Jerusalém. Não se sabe quem foi. Certamente algum simpatizante.

À tarde, compareceram todos, ao que parece sem a presença dos donos da casa, preservando a intimidade do grupo.

Há um quadro famoso de Leonardo da Vinci, mostrando Jesus ao centro de uma mesa retangular, rodeado pelos discípulos. Segundo os exegetas, o mais provável é que a mesa tivesse uma forma de U, com Jesus ao centro. A ladeá-lo, Simão Pedro e João.

***

Os apóstolos viviam momentos de ansiosa expectativa.

Sabiam que algo importante estava para acontecer, mas não tinham a mínima ideia das tormentas que viriam, embora o Mestre deixasse bem claro que enfrentaria duros testemunhos, a culminarem com sua morte.

Após uma convivência de três anos, ainda não haviam assimilado a ideia do Reino de Deus como uma realização interior.

Imaginavam tratar-se de conquista puramente material. No momento oportuno, Jesus convenceria os incrédulos, submeteria os poderosos à sua vontade soberana e instalaria a nova ordem.

Passaram, desde logo, a tratar de um assunto que lhes parecia prioritário:

Qual deles seria o mais importante, o principal preposto?

Podemos imaginar a melancolia do Mestre, observando os companheiros. Não haviam entendido absolutamente nada.

Em dado instante, ergueu-se, tomou de um vaso d'água e passou a lavar os pés dos discípulos.

A reação foi imediata. Absurdo aquele comportamento, próprio de escravos a serviço de seus senhores.

Simão Pedro perguntou:

— *Senhor, por que me lavas os pés?*
— *O que faço, tu não sabes agora, mas saberás depois disso.*
— *Não, Senhor, não me lavarás os pés!*
— *Se não te lavar, não terás parte comigo!*
— *Então, Senhor, não só os pés, mas também as mãos e a cabeça.*

Era bem o velho Simão, efusivo e exagerado.
Jesus lavou os pés de todos.
Depois, erguendo-se, falou:

— *Vós me chamais de Mestre e Senhor e dizeis*

bem, pois eu o sou. E se eu, Senhor e Mestre, vos lavei os pés, assim deveis fazer uns aos outros...

O ensinamento é magistral, reafirmando a mensagem mais importante:

Para Deus o maior será sempre aquele que mais disposto estiver a servir, o que mais se dedique ao Bem.

Quando chegar a nossa hora, quando retornarmos à espiritualidade, ninguém nos perguntará por nossos títulos, patrimônios, cultura, conhecimento... Se fomos o presidente da república, um capitão de indústria, um artista famoso, um desportista vencedor ou mero trabalhador braçal.

As perguntas fundamentais serão:
Quanta dor aliviou?
Quanto consolo ofereceu?
Quanta fome mitigou?
Quanto amor disseminou?
Quanta compreensão exercitou?

***

Em seguida, revelou:

– *Em verdade, em verdade vos digo: um de vós*

que come comigo há de me entregar. A mão do que me trai está comigo à mesa.

Tinha plena consciência dos planos de Judas. Lia a alma das pessoas como num livro aberto.
Os discípulos ficaram indignados.
Perguntavam, ingenuamente:

Acaso sou eu, Senhor?

Jesus reiterou:

— Um dos doze, que põe a mão no mesmo prato comigo, esse me entregará. O Filho do Homem vai, conforme foi determinado e está escrito a seu respeito, mas ai do homem por quem o Filho do Homem for entregue! Seria melhor para esse homem se não houvesse nascido!

Ao dizer que seria melhor não ter nascido, Jesus evidencia que a traição de Judas não constava do projeto messiânico.
Aconteceu, não por decisão divina, mas por desatino humano, na iniciativa de um discípulo iludido com as realizações materiais.
O mal nunca é programado.
Situa-se por fruto de nossas ações, quando contrárias à vontade de Deus.

✳✳✳

Dirigindo-se a João, sentado ao seu lado, Jesus, informou que o traidor seria aquele a quem entregasse o pão molhado no vinho.

E o ofereceu a Judas, dizendo:

– *O que tens que fazer, faze-o depressa!*

Judas tomou o pedaço de pão e saiu imediatamente.

Diz o texto evangélico que depois do pão, entrou em Judas o antagonista, simbolizando as influências nefastas que o norteavam.

Ninguém, com exceção, talvez, de João, compreendeu o que acontecera. Como era Judas quem guardava a bolsa do grupo, pensaram que saíra para comprar o necessário à festa e algo dar aos pobres.

Indagará o leitor:

Se a traição de Judas não estava no *script*, por que Jesus não procurou demovê-lo?

A resposta é simples:

Não adiantaria!

Judas firmara um propósito – promover uma reação popular com a prisão de Jesus, iniciando uma revolução.

Nada do que o Mestre lhe dissesse haveria de modificar sua intenção, mesmo porque, a essa altura, sentia-se ele próprio um instrumento divino.

Se Judas não aprendera as lições de prudência e mansuetude, exemplificadas por Jesus, em três anos de convivência, não haveria de se sensibilizar com reiteradas advertências.

***

Há quem questione a ação dos mentores espirituais quando as pessoas envolvem-se com o mal.

Por que não interferem?

Equivocada dúvida!

Eles nunca deixam de nos advertir e orientar pelos condutos da intuição, além de mobilizarem variados recursos educativos, envolvendo a religião, o lar, a escola...

Quando a pessoa permite que, a par dessas benesses, entre em seu coração o antagonista, representando o envolvimento com as tentações e enganos do mundo, acaba frustrando o empenho do mundo espiritual.

Resta deixar que a pessoa exercite o livre-arbítrio e quebre a cara, como se costuma dizer, aprendendo, pela didática severa da dor, que é preciso respeitar as leis divinas.

ÚLTIMAS INSTRUÇÕES

Mateus, 26:26-29
Marcos, 14:22-25
Lucas, 22:15-20
João, 13, 14, 15 e 16

Em dado momento, durante a reunião, Jesus tomou de um pão e, abençoando-o, rendeu graças.

Depois o partiu e distribuiu os pedaços aos discípulos, dizendo:

— *Tomai e comei. Isto é o meu corpo que é dado por vós. Fazei isto em minha memória.*

Procedeu da mesma forma com um cálice de vinho:

— *Tomai isto e reparti entre vós, bebei dele todos, porque isto é o meu sangue, o sangue da Nova Aliança, que é derramado por vós.*

A teologia ortodoxa vê nessas palavras a instituição da eucaristia, sacramento no qual pão e vinho se transubstanciam no corpo e no sangue de Jesus, para uma comunhão sagrada, envolvendo os fiéis, no ritual da missa.

É estranho, porquanto sabemos que Jesus era avesso ao ritualismo. Em nenhum momento reporta-se a objetos materiais ou práticas exteriores relacionadas com o culto.

A simplicidade é a marca de suas lições e iniciativas.

Diante da mulher samaritana, revela que Deus deve ser cultuado em Espírito, longe dos templos de pedra, de ofícios e oficiantes...

E quando fala do Reino de Deus, objeto da atividade religiosa, deixa bem claro que se trata de uma conquista interior, não de uma realização exterior:

– *O Reino de Deus está dentro de vós.*

Por que, justamente no final de seu apostolado, haveria de instituir um processo mágico de comunhão, em que houvesse uma transubstanciação do pão em seu corpo e do vinho em seu sangue?

Vemos nessa passagem evangélica simplesmente um gesto de carinho de Jesus com os companheiros, uma lembrança feliz:

Quando compartilhassem o pão e o vinho, recordassem daquele derradeiro encontro e de tudo o que ali se passara.

Imaginemos emérito professor, venerado por seus alunos, a oferecer-lhes um churrasco, antes de partir para país distante.

Em seu discurso de despedida, pede-lhes que se lembrem dele em futuras confraternizações, como se estivesse presente.

Nem por isso os alunos haveriam de imaginar que a carne do churrasco ou a cerveja se transubstanciassem no professor.

Infelizmente, aconteceu com Jesus. Uma simples evocação sugerida transformou-se em ritual com propriedades mágicas.

Está bem de acordo com as tendências humanas.

O próprio Espiritismo enfrenta esse problema, não obstante a racionalidade de seus princípios e o empenho de Kardec por evitar que os espíritas envolvam-se com fantasias.

Um confrade nos dizia que no Centro Espírita do qual é diretor instalaram um busto de Kardec na biblioteca. Em pouco tempo tiveram que retirá-lo, porquanto muitas pessoas que ali entravam persignavam-se e a ele dirigiam orações, como se estivessem diante do próprio.

***

Com imensa ternura pelos companheiros, Jesus proclama:

— *Filhinhos, por pouco tempo ainda estou convosco. Vós me procurais e assim como disse aos judeus, também vos digo agora: Para onde vou, vós não podeis ir. Um novo mandamento vos dou: que vos ameis uns aos outros. Assim como eu vos amei, amai-vos também uns aos outros. Nisto todos conhecerão que sois meus discípulos, se tiverdes amor uns pelos outros.*

Jesus nos oferece aqui a chave da vivência cristã.
Não privilegia os aspectos exteriores.
Nem ritos, nem rezas, nem privações, nem sacrifícios.
Apenas amor.
Embora hoje exaltada e decantada mais do que nunca, essa expressão sublime, essência do Cristianismo, está repleta de conotações infelizes que a desgastam.
Há os que confundem amor com sexo, ignorando a lição elementar: sexo é apenas parte do amor, e não a mais importante.

Há os que fazem do amor um exercício de exclusivismo, sufocando o ser amado com exigências descabidas.

Há os que amam como quem aprecia um doce. Gostam dele porque é agradável ao paladar. Por isso, cansam logo de amar, por estarem saciados ou empolgados pelo desejo de experimentar novos sabores.

Há os que veem no amor a promessa de um céu particular, em bases de egoísmo a dois.

O amor não é nada disso! É muito mais que isso!

Em sua grandeza essencial, o amor é a realização da fraternidade entre os homens, inspirando a derrubada das barreiras de nacionalidade, raça e crença, para que sejamos na Terra uma grande família, feliz e ajustada.

Essa a lição fundamental que Jesus veio nos ensinar, ainda não assimilada pela Humanidade.

***

Simão Pedro, com a iniciativa de sempre, mas sem perceber a gravidade do momento, indagou:

— *Senhor, para onde vais?*
— *Para onde vou, não me podes seguir agora, mas*

me seguirás mais tarde.
— Senhor, por que não posso seguir-te agora? Por ti darei a minha vida.
— Tu darás a vida por mim?

E acentuou:

— Todos vos escandalizareis por minha causa nesta noite, pois está escrito: "Ferirei o pastor, e as ovelhas do rebanho se dispersarão". Mas, depois que eu ressurgir, irei adiante de vós para a Galileia.

É perfeita a noção que Jesus tem dos acontecimentos futuros, e se reporta, inclusive, à expressão do profeta Zacarias (13:7), o pastor será ferido e dispersas as ovelhas…Mas depois ele as reunirá.
Rebateu Pedro:

— Ainda que todos se escandalizem por tua causa, eu nunca me escandalizarei.
— Simão, eis que Satanás vos procurou para vos peneirar como se faz com o trigo. Mas eu roguei por ti, para que a tua fé não desfaleça; e tu, quando retornares para mim, apoia os teus irmãos.

Pedro não tinha ideia de que sucumbiria às suas próprias fraquezas, envolvido pelos agentes das sombras.

O Mestre usa uma expressão interessante. Ele seria *peneirado por Satanás*. Digamos que Espíritos que assediavam os apóstolos haveriam de testá-los como quem peneira farinha.

Ficariam expostas as mazelas.

Simão Pedro, quando chamado ao testemunho, revelaria uma fraqueza fatal – o medo.

Não apenas ele. Seria a partir de temores insuperáveis, exacerbados por influências espirituais inferiores, que todos os membros do colégio apostólico fugiriam dos testemunhos a que seriam convocados.

Sem ideia do que o esperava, o pescador afirmou, resoluto:

– Senhor, estou pronto a ir contigo, tanto para o cárcere quanto para a morte.
– Pedro, em verdade, em verdade, te digo: nesta noite, antes que o galo cante, três vezes negarás que me conheces.

O apóstolo reiterou, veemente:

– Ainda que me seja necessário morrer contigo, de modo algum te negarei.

Os companheiros o acompanharam naquele rompante.

Não tinham noção da própria fragilidade.

***

O Evangelista João reporta-se a longo discurso de Jesus, incluindo revelações, orações e exortações.

Como só registrou suas lembranças vários decênios depois, provavelmente boa parte ficou por conta de suas próprias lucubrações.

Não obstante, há aspectos relevantes que bem exprimem o pensamento de Jesus.

Alguns deles:

- A nova revelação:

– Se me amais, observareis meus mandamentos. E eu rogarei ao Pai, e ele vos dará outro Consolador, para que permaneça convosco para sempre, o Espírito de Verdade, que o mundo não pode receber, porque não o vê nem o conhece...

Tenho ainda muito que vos dizer, mas não podeis suportar agora. Quando vier aquele Espírito de Verdade, ele vos conduzirá à verdade completa, pois não falará de si mesmo, mas dirá tudo o que tiver ouvido e vos anunciará o que está por vir. Ele me glorificará porque receberá do que é meu e vos anunciará.

A ortodoxia religiosa situa o Consolador, o Espírito de Verdade, na festa de Pentecostes, quarenta dias após as materializações de Jesus, quando os discípulos, sob influência do Espírito Santo, falaram e profetizaram em línguas estrangeiras.

Ideia equivocada. Não vemos o Consolador naquelas manifestações. A morte de Jesus era recente. Nada havia para recordar, porquanto nada fora esquecido.

Houve o mero registro do acontecimento, sem nenhum desdobramento doutrinário.

A Doutrina Espírita é apresentada pelos mentores espirituais que orientavam Allan Kardec como o Consolador.

É o Espírito de Verdade que vem alargar os horizontes de nosso entendimento, oferecendo-nos luzes novas sobre os ensinamentos de Jesus.

O Espiritismo ajuda-nos a compreender bem o significado de suas palavras, mesmo aquelas que nos parecem difíceis e enigmáticas.

E há um desdobramento, complementando os princípios evangélicos com uma gloriosa visão do mundo espiritual e dos mecanismos que regem a evolução do Espírito.

- A ligação fundamental.

— *Eu sou a videira, vós os ramos. Quem perma-*

nece em mim e eu nele, esse produz muito fruto, porque sem mim nada podeis fazer.

Jesus é o supremo guia.

As noções mais claras e objetivas quanto aos caminhos que devemos trilhar para nos comportarmos como filhos de Deus estão devidamente registradas em suas orientações.

O Evangelho, portanto, é a seiva sagrada que sustenta nosso ideal. Se nos afastarmos de suas diretrizes faltará o néctar divino que nos dá vitalidade e força para superarmos nossas imperfeições.

- A paz desejável.

— *Deixo-vos a paz, a minha paz vos dou; não vo-la dou como o mundo a dá. Não se turbe o vosso coração, nem se atemorize.*

A paz é, talvez, a maior aspiração humana, nossa maior necessidade.

Sem paz a vida perde a graça, a felicidade perde o sabor.

Há diferenças fundamentais entre a paz do Mundo e a paz que Jesus nos oferece.

A paz do mundo exige que:

Tenhamos muito dinheiro.
Não levemos desaforo para casa.
Satisfaçamos nossas ambições.
Cultivemos muitos lazeres.

É uma paz efêmera, enganosa, um misto de inquietação e frustração, porque, por mais que a pessoa se empenhe, nunca se satisfaz inteiramente.

A paz de Jesus é diferente...

Nascida do empenho de servir, do exercício do perdão, do desprendimento dos bens materiais, do cultivo da oração, coloca-nos em harmonia com a Vida e nos realiza como filhos de Deus, sustentando-nos a alegria e o bem-estar, em todas as situações, mesmo quando enfrentando as vicissitudes da Terra.

***

A sorte estava lançada.

A partir dali os acontecimentos se precipitariam e viriam os grandes testemunhos de Jesus, os exemplos finais.

NO HORTO

Mateus, 26:36-56
Marcos, 14:32-52
Lucas, 22:39-53
João, 18:1-12

Após as derradeiras instruções, Jesus retirou-se com os discípulos para o Monte das Oliveiras, nas imediações de Jerusalém. Ali passariam a noite.
Ao chegarem, recomendou-lhes:

— *Sentai-vos aqui enquanto vou ali orar. Orai também, para que não entreis em tentação.*

Levou consigo Simão Pedro e os dois filhos de Zebedeu, Tiago e João.
Segundo a narrativa, Jesus sentiu imensa angústia, verdadeira agonia. Falou aos três companheiros:

— *Minha alma está triste até a morte. Ficai aqui e velai comigo.*

Afastou-se, à distância de um arremesso de pedra, uns trinta ou quarenta metros.

E orou:

— *Meu Pai, se é possível, afasta de mim este cálice; todavia, não seja como eu quero, mas como Tu queres. Faça-se não a minha, mas a Tua vontade.*

Voltou e encontrou os discípulos adormecidos.

Dirigiu-se a Pedro:

— *Simão, tu dormes? Não pudeste vigiar uma hora comigo!? Por que dormis? Levantai-vos! Vigiai e orai, para que não entreis em tentação; pois o Espírito, na verdade, está pronto, mas a carne é fraca.*

Afastando-se, reiterou, em oração:

— *Meu Pai, se não é possível passar de mim esse cálice, sem que eu o beba, faça-se a Tua vontade.*

Tornou a encontrar os discípulos adormecidos. Afastou-se pela terceira vez. Repetiu a rogativa.

Novamente diante dos companheiros, que ainda dormiam, despertou-os:

— Dormis agora e descansais? Basta! Eis que chegou a hora e o Filho do Homem será entregue nas mãos dos pecadores. Levantai-vos! Vamos! Eis que chegou o que me entrega.

***

Sempre encarei com perplexidade a agonia de Jesus no Getsêmani.

Figura maior da Humanidade, nosso grande mentor, o Espírito mais puro que já transitou pela Terra, poderia Jesus ter fraquejado justamente no momento do grande testemunho?

Entendo hoje que em sua atitude não havia temores ou dúvidas. Estava perfeitamente consciente do que aconteceria e do que lhe competia fazer.

Apenas exprimia a compaixão por todos aqueles que estariam envolvidos em sua morte, e também pelos que desertariam, fugindo ao testemunho.

Não lamentava o mal que lhe fariam.

Sofria pelo comprometimento dos maldosos.

É como a mãe que vê o filho a desrespeitá-la.

Não a afligem tanto os maus tratos dele.

Chora pelo mal que o infeliz faz a si mesmo.

***

Beber o cálice significa enfrentar dissabores.

Em variadas situações da jornada humana somos convidados a sorver amargo conteúdo:

- Um diagnóstico de câncer.
- A urgente e delicada cirurgia.
- A agonia de um ente querido.
- A ligação afetiva que se rompe.
- O empreendimento que não dá certo.
- Inesperada demissão de um emprego.
- O desastre financeiro.

Delineia-se uma situação complicada, difícil, tormentosa...

Será lícito pedir a Deus que afaste o cálice?

Sem dúvida! É o nosso Pai!

Mas há o dever de nos submetermos à vontade divina.

Nem sempre o cálice deve ou pode ser afastado.

Principalmente em relação aos processos cármicos, em que a Vida cobra por nossos deslizes, haveremos de ingeri-lo, quer queiramos quer não.

Se Deus permite é porque precisamos da experiência.

Em tal contingência, a submissão é abençoado adoçante.

Se aceitamos o inexorável, tudo fica mais fácil, favorecendo nosso crescimento espiritual.

Um médico descobriu que estava com câncer.

Revoltado, pensou em matar-se.

Em contato com o Espiritismo, criou coragem para enfrentar a provação. Conseguiu vencer a doença.

A experiência dolorosa curou-o, também, de velhas mazelas, abrindo-lhe novas perspectivas.

E dizia:

— Eu era egoísta, frio com os pacientes, preocupado apenas em ganhar dinheiro, comerciante da Medicina. O câncer deu-me humanidade. Hoje sou sensível ao sofrimento alheio. Envolvo-me com os pacientes. Vejo neles não mais cifrões, mas seres humanos que precisam de minha solicitude, de meu carinho. Sei, agora, como isso é importante.

***

Outro aspecto relevante desta passagem evangélica diz respeito ao incontrolável sono dos discípulos.

Por três vezes Jesus pediu que orassem, e eles dormiram.

O Espírito é forte, mas a carne é fraca, explicou o Mestre.

Temos aqui o embate entre a condição humana e o ser imortal, sem dúvida o grande desafio que enfrentamos na Terra.

No Drama do Calvário, Jesus exemplificou a vitória do Espírito sobre a carne.

Os discípulos frustraram-se com a vitória da carne sobre o Espírito.

No mesmo contexto, a advertência:

Os grandes testemunhos da existência envolvem solidão.

É como o doente preso ao leito, diante do cálice de amarguras.

A família a cercá-lo de solicitude, no recesso do lar.

Ele a sorvê-lo em soledade, na intimidade do ser.

***

Pouco depois, uma multidão invadiu o Jardim das Oliveiras.

Eram guardas, desordeiros e curiosos.

Traziam lanternas, archotes, espadas, paus e armas. Vinham dispostos à luta, se preciso, a mando do judaísmo dominante.

À frente de todos, Judas.

A senha para identificar Jesus – um beijo. Era costume que os aprendizes beijassem seus mestres.

Naquele momento, suposta manifestação de respeito transvestia-se em sinistra senha de prisão.

Após o ósculo da traição, Jesus adiantou-se diante dos guardas:

– A quem procurais?
– A Jesus, o nazareno.
– Sou eu.

Ao impacto de sua força magnética, os soldados perdem a iniciativa.

Jesus reitera:

– A quem procurais?
– A Jesus, o nazareno.
– Já vos disse que sou eu. Mas, se é a mim que procurais, deixai então estes irem.

Os discípulos e acompanhantes de Jesus ensaiam uma reação. Simão Pedro toma uma espada e fere um dos servos do sumossacerdote, de nome Malco, cortando-lhe a orelha direita.

Questiona-se o uso da espada. Seria totalmente fora de propósito tal arma nas mãos de um discípulo de Jesus. Provavelmente era um facão, que se presta a muitas utilidades, no campo.

Embora todos os evangelistas tenham se reportado à agressão, somente no Evangelho de João há a citação nominal do agressor.

Seria Pedro, realmente?

Jesus contém o grupo:

— *Basta! Embainha a tua espada, pois todos os que lançarem mão da espada morrerão pela espada. Ou pensais que não posso rogar a meu Pai, e Ele me enviaria e colocaria à minha disposição, neste momento, mais de doze legiões de anjos? Não beberei o cálice que o Pai me deu? Como, pois, se cumprirão as Escrituras, segundo as quais assim deve acontecer?*

A expressão *quem com ferro fere, com ferro será ferido*, tem sua origem nas palavras de Jesus, enunciando um dos princípios básicos da Doutrina Espírita – a Lei de Causa e Efeito. A vida sempre nos cobrará por nossas defecções, trazendo-nos de volta as consequências de nossos desatinos.

Jesus raciocina com propriedade ao dizer que, se quisesse, como já o fizera tantas vezes, escaparia à sanha de seus adversários. Mas tinha consciência de que o momento era de testemunho.

Num gesto de compaixão, bem típico dele, restaurou a orelha do soldado. E reiterou sua vocação para a brandura, dizendo àqueles que o prendiam:

— *Viestes como a um ladrão, com espadas e paus, para prender-me? Cada dia, estando convosco, eu me sentava no templo ensinando, e não me prendestes. Mas esta é a vossa hora e o poder das trevas para que se cumpram as Escrituras dos profetas.*

***

Enquanto os discípulos debandavam, um jovem desconhecido, envolto num lençol, dispôs-se a acompanhar Jesus.

Apavorando-se diante dos guardas que o agarraram, largou em suas mãos a vestimenta singela e fugiu nu.

Essa fuga patética deixa um simbolismo.

O lençol representa a crença religiosa que nos agasalha.

Todavia, quando somos chamados a beber o cálice, quando surgem os grandes desafios e testes da existência, deixamos, não raro, a cobertura precária de nossas convicções e fugimos na nudez de nossas inferioridades.

A NEGAÇÃO E O JULGAMENTO

Mateus, 26:57-75
Marcos, 14:53-72
Lucas, 22:54-71
João, 18:13-27

Após a prisão, no Horto, dispersos os discípulos, Jesus foi levado ao palácio de Anás, que, tendo sido sumo pontífice do judaísmo, ainda era figura influente e respeitada.

Após breve encontro, Anás o encaminhou à casa de Caifás, seu genro, que o substituíra. Ali estava reunido o Sinédrio, o tribunal judeu, composto por sacerdotes, escribas e anciãos.

Provavelmente não se faziam presentes todos os setenta membros, mas havia número suficiente. Afinal, tratava-se de decidir não "o quê", mas "como" seria feito. Era um jogo de cartas marcadas, porquanto já fora resolvido que Jesus deveria morrer.

A ideia era eliminá-lo de forma conveniente,

sem criar embaraços com o povo e, particularmente, com os dominadores romanos.

***

Dois discípulos acompanhavam de longe o desenrolar dos acontecimentos.

Um era Simão Pedro; o outro, provavelmente, João.

Ambos chegaram à casa de Caifás.

João partiu, talvez para dar ciência aos companheiros do que estava acontecendo.

Simão Pedro conseguiu entrar.

Permaneceu no amplo pátio externo, próximo a Jesus, que aguardava a decisão do Sinédrio.

Madrugada fria...

O apóstolo situou-se junto a uma fogueira, procurando aquecer-se.

Então, uma criada da casa, fixando-o atentamente, disse:

Este homem estava com ele.

Instintivamente Pedro negou:

Mulher, não o conheço.

Pouco depois, alguém afirmou:

— *Tu és, também, um deles.*

E Pedro, enfático:

— *Homem, não sou!*

Passada quase uma hora, outro circunstante denunciou:

— *Também este verdadeiramente estava com ele, pois é galileu.*

E Pedro:

— *Homem, não sei o que dizes!*

Ao pronunciar a terceira negativa, ouviu o galo cantar.
Voltando-se viu Jesus, a contemplá-lo serenamente.
Não havia censura em seu olhar.
Apenas, certamente, a melancolia de quem vê confirmadas suas previsões.
Saindo dali, o apóstolo chorou amargamente.
Protagonizava um dos momentos mais signifi-

cativos do Evangelho, dando-nos conta do abismo que há entre o que idealizamos e o que fazemos.

Ele, que se mostrara disposto a enfrentar todos os martírios por Jesus, sucumbira vergonhosamente aos próprios temores, não vacilando em mentir, reiteradamente, para não ser preso.

Aqueles acontecimentos agitaram sua alma. Sempre tão cheio de iniciativa, a alardear uma coragem que não possuía, uma força que estava longe de deter, começava a entender a fragilidade da condição humana.

Para sua felicidade, a lição foi bem assimilada. A partir dali Pedro atentaria às suas limitações de homem rude e impetuoso para, no desdobramento de ingentes esforços, converter-se no indômito líder cristão.

Mais tarde, após decênios de dedicação à causa, ele próprio daria o grande testemunho.

Conduzido à cruz, proclamou não ser digno de morrer como Jesus, pedindo que o crucificassem de cabeça para baixo.

***

Convocado ao interrogatório, Jesus enfrentou a arbitrariedade de seus julgadores.

Segundo os dispositivos legais, em qualquer acusação havia necessidade de testemunhas.

Apresentaram-se duas, alegando textualmente:

— *Nós o ouvimos dizer: "Posso destruir o templo de Deus e reedificá-lo em três dias".*

Acusação tola, pueril, que se reporta a mera afirmação, não a uma ameaça.

Ressalte-se que, segundo o registro evangélico, Jesus não disse "destruirei" e, sim, "se destruíres".

Detalhe importante: Jesus não se referia ao templo, que nenhum judeu, dotado de juízo, pensaria em demolir, mas à capacidade de ressurgir da morte, se o matassem, o que aconteceria nos episódios das gloriosas materializações.

***

Caifás, que o interrogava, ordenou-lhe que respondesse à acusação.

O Mestre permaneceu em silêncio.

O sumo sacerdote provocou:

— *Eu te conjuro pelo Deus vivo que nos digas se tu és o Cristo, o Filho de Deus.*

Respondeu Jesus:

— *Se eu disser que sim, não acreditareis, e se vos interrogar não me respondereis.*

Todos exclamam:

— *Logo, tu és o Filho de Deus?*

E Jesus:

— *Vós dizeis que eu sou.*

Então, Caifás rasgou suas vestes sacerdotais, um gesto teatral, adotado frequentemente pelas autoridades religiosas quando pretendiam exibir grande indignação, e gritou:

— *Blasfemou! Que necessidade temos ainda de testemunhas? Vedes que agora ouvistes a blasfêmia! Pois nós mesmos ouvimos de sua boca! Que vos parece?*

Ouve-se a gritaria:

— *É réu de morte.*

Alguns começaram a cuspir-lhe no rosto, dando-lhe socos. Outros lhe vendaram os olhos e o agrediam, dizendo-lhe:

– *Profetiza-nos, ó Cristo, quem te bateu?*

E os guardas o retiraram a bofetadas.
Jesus não roubara, não matara, não cometera nada passível de prisão, e muito menos de condenação à morte.
Quando confirmou que era filho de Deus apenas exprimiu a condição humana. Somos todos seus filhos.
Portanto, não havia base legítima para qualquer acusação.
Mas os senhores do judaísmo estavam pouco interessados na legalidade.
As *provas* eram mais que suficientes.
Só havia um problema.
A Palestina permanecia sob domínio de Roma.
A sentença, portanto, deveria ser ratificada por Pôncio Pilatos, o procurador romano.

DIANTE DE PILATOS

Mateus, 27:1-26
Marcos, 15:1-15
Lucas, 23:1-25
João, 18:28-40, 19:1-16

Ao ter notícia de que o Mestre fora condenado à morte pelo Sinédrio, Judas desesperou-se.

Tudo dera errado.

Não esperava que Jesus evitasse uma reação popular à sua prisão, nem que o Sinédrio adotasse tão drástica medida.

Foi ao templo, provavelmente na manhã de sexta-feira.

Procurou os sacerdotes.

Queria voltar atrás, desfazer o equívoco.

E disse-lhes:

– *Pequei, entregando sangue inocente.*
– *Que nos importa, isso é contigo!*

Atormentado, Judas lançou as trinta moedas de prata no chão, o preço da traição.

Num gesto de desespero, enforcou-se, pretendendo penitenciar-se de seu crime.

Os sacerdotes não quiseram as moedas. Não podiam ser guardadas no templo, porque constituíam preço de sangue.

Segundo o relato evangélico, teriam comprado com elas o campo de um oleiro para sepultura dos peregrinos estrangeiros. Evocando a origem do dinheiro usado, ficaria conhecido como campo de sangue.

***

Enquanto isso, Caifás reuniu novamente o Sinédrio para a providência final. Jesus foi levado ao pretório, residência oficial do governador.

Conforme as complicadas prescrições judaicas, os judeus ficavam impuros entrando em casa de gentio.

Como estavam às vésperas da Páscoa, os acusadores não queriam essa contaminação. Pediram, portanto, a audiência fora do recinto.

Diante da multidão, perguntou Pilatos:

— *Que acusação trazeis contra esse homem?*

Impertinentes, retrucam os senhores do templo:

— *Se não fosse ele malfeitor, não o entregaríamos a ti.*

Desde o princípio Pilatos revelou-se pouco à vontade.
Aquela era uma questão de caráter religioso, que dizia respeito aos judeus. Preferia não interferir.

— *Tomai-o vós mesmos e julgai-o segundo a vossa lei.*

Seus interlocutores alegaram que não detinham a prerrogativa de condenar à morte.
E acusaram, procurando justificar a pena máxima:

— *Encontramos este homem corrompendo nossa nação, proibindo de pagar tributo a César e dizendo ser ele o Cristo, o rei.*

Ardilosamente, mudavam o enfoque.
Em princípio, era uma questão religiosa:
Jesus ameaçava o culto estabelecido.
Agora enfatizavam o caráter político:

Jesus incitava à desobediência civil e pretendia ser rei, contestando o domínio romano.

***

Pilatos resolveu interrogar o prisioneiro. Entrou com ele no pretório.

— *És tu rei dos judeus?*
— *Dizes isso por ti mesmo ou outros te disseram isso de mim?*

O governador estava convicto de hipotética pretensão política de Jesus, ou apenas influenciado por mentiras, envolvendo suposta conspiração?
Irritado, Pilatos argumentou:

— *Por acaso sou judeu? O teu povo e os principais sacerdotes entregaram-te a mim. Que fizeste?*
— *Meu reino não é deste mundo. Se meu reino fosse deste mundo, meus ministros teriam combatido para que eu não fosse entregue aos judeus. Mas agora o meu reino não é daqui.*
— *Logo, tu és rei?*
— *Tu o dizes: eu sou rei. Para isso nasci e para isso vim ao mundo, para dar testemunho da verdade. Todo*

aquele que é da verdade escuta a minha voz.
– O que é a verdade?

Jesus silenciou.
Pilatos não tinha condições para compreender. Materialista, jamais entenderia aquele Reino Divino que transcendia as ambições humanas, regido por leis soberanas e justas, que escapavam ao seu entendimento.
O Mestre as sintetizava e vivenciava.
Nesse aspecto, era a própria verdade.

***

Pilatos estava impressionado.
Voltou aos sacerdotes:

– Não encontro culpa alguma neste homem.

Os acusadores insistiam:

– Ele subleva o povo, ensinando por toda a Judeia, desde a Galileia, onde começou, até aqui.

Pilatos admirava o silêncio do prisioneiro, que sequer se defendia das acusações. É que ele estava consciente da inutilidade de qualquer empenho nesse sentido. Sabia o que o esperava.

O governador não via culpa no acusado, mas vacilava. Não pretendia contrariar o judaísmo dominante.

Ouvindo a referência à Galileia, quis saber se Jesus era galileu. Ante a resposta afirmativa, encontrou solução para o impasse.

Herodes Ântipas, príncipe judeu, nomeado por Roma para governar a Galileia, estava em Jerusalém. Viera para as celebrações da Páscoa.

Decidiu, portanto, submeter a questão ao seu arbítrio.

***

O tetrarca recebeu Jesus com satisfação. Ouvira falar dos prodígios que operava, das curas milagrosas, de sua marcante sabedoria.

Fez-lhe muitas perguntas.

Jesus permaneceu em silêncio.

Herodes irritou-se. Dando ouvidos aos sacerdotes e escribas que o acusavam, veementes, passou a tratá-lo com desprezo.

Pretendendo ridicularizá-lo, determinou que o vestissem com um manto alvo, usado pelos príncipes, e o enviou de retorno a Pilatos. Este reiterou aos sacerdotes:

— *Vós me apresentastes este homem como agitador do povo, mas, interrogando-o diante de vós, não encontrei nele nenhum dos delitos de que o acusais. Nem mesmo Herodes, pois o enviou novamente a nós. Como vedes, ele nada fez que mereça a morte. Portanto, após castigá-lo, eu o soltarei.*

Boa saída.
Algumas chibatadas haveriam de satisfazer a multidão e evitar a agitação.
Havia, ainda, outra possibilidade.
Segundo os costumes judeus, por ocasião da Páscoa, o governador libertava um condenado escolhido pelo povo.
A opção ficava entre Jesus e perigoso salteador, Barrabás, acusado de matar um homem.
Pilatos dirigiu-se ao povo:

— *É costume entre vós que eu vos solte um condenado na Páscoa. Quereis, portanto, que vos solte o rei dos judeus?*

A escolha lhe parecia óbvia.
Jesus era um doador de bênçãos.

Barrabás, um bandido.

Jamais poderia ser superado na escolha popular por aquele criminoso.

Ocorre que a multidão ali presente não incluía os amigos e admiradores de Jesus. Não estavam ali aqueles que haviam aclamado a entrada triunfal em Jerusalém.

Apenas serviçais e pessoas instigadas pelos senhores do templo, com o propósito de promover sua condenação.

A preferência, portanto, pendeu para Barrabás.

Nesse ínterim, Pilatos recebeu recado de sua mulher. Cláudia Prócula seria o seu nome, segundo a tradição. Reportava-se a uma experiência onírica. Supõe-se que tomou consciência durante as horas de sono da inocência de Jesus e do crime que estava sendo cometido, o que a afligira bastante.

Dizia:

Nada haja entre ti e esse justo, porque muito sofri ontem em sonho, por causa dele.

Era um bom motivo para Pilatos acabar com as maquinações sinistras dos senhores do templo.

Mas, vacilante, limitou-se a confirmar, junto à multidão:

— *Qual dos dois quereis que vos solte?*
— *Barrabás!*
— *Que farei, então, de Jesus, chamado Cristo?*
— *Crucifica-o!*

Nessa altura era impossível conter os clamores que cresciam.

Decidiu tentar um último recurso.

Mandou submeter Jesus ao flagício.

O prisioneiro foi despido. Jogaram sobre ele um manto de púrpura. Improvisada uma coroa de espinhos, puseram-na sobre sua cabeça e lhe deram um caniço, à guisa de cetro. Foi esbofeteado. Cuspiram nele...

O governador voltou a falar à multidão:

— *Vede, eu vô-lo trago para que saibais que não encontro nele nenhum crime.*

Jesus foi apresentado em situação ridícula e vexatória, ferido, coroado de espinhos, sangue a escorrer por suas faces, manto de púrpura a cobrir sua nudez.

A ideia era situá-lo de forma caricata, como se fosse um débil mental que se arvorara em rei.

Podiam rir dele, mas não havia por que condená-lo.

— *Eis o homem.*

De nada adiantou.
Os sacerdotes instigavam:

— *Crucifica-o! Se o soltas, não és amigo de César. Todo aquele que se faz rei se declara contra César!*

A multidão gritava, a plenos pulmões:

— *Crucifica-o!*
— *Hei de crucificar o vosso rei?*
— *Não temos rei senão César.*

Vacilante e omisso, incapaz de exercer sua autoridade, Pilatos decidiu isentar-se.
Mandou vir água e lavou as mãos diante do povo, num gesto teatral:

— *Estou inocente do sangue deste justo. Fique o caso convosco.*

Barrabás, solto.
Jesus, entregue à sanha da multidão.

***

Consumava-se o crime inominável contra o mais puro, o mais sábio de todos os Espíritos que transitaram pela Terra.

Não obstante, Jesus transformaria a cruz, até então algo execrável, destinada aos criminosos, em símbolo da redenção humana.

Olavo Bilac, o príncipe dos poetas brasileiros, exprime com rara beleza esse momento glorioso, pela psicografia maravilhosa de Francisco Cândido Xavier:

Sobre a fronte da turba há um sussurro abafado.
A multidão inteira, ansiosa se congrega,
Surda à lição do amor, implacável e cega,
Para a consumação dos festins do pecado.

– Crucificai-o! – exclama… Um lamento lhe chega
Da Terra que soluça e do Céu desprezado.
– Jesus ou Barrabás? – pergunta, inquire o brado
Da justiça sem Deus, que trêmula se entrega.

– Jesus!… Jesus!… Jesus!… – e a resposta perpassa
Como um sopro cruel do Aquilão da desgraça,
Sem que o Anjo da Paz amaldiçoe ou gema…

E debaixo do apodo e ensanguentada a face,
Toma da cruz da dor para que a dor ficasse
Como a glória da vida e a vitória suprema.

A CRUCIFICAÇÃO

Mateus, 27:32-56
Marcos, 15:20-41
Lucas, 23:26-49
João, 19:17-30

Após Pilatos lavar as mãos, a multidão escarneceu do condenado.

O manto de púrpura foi retirado. Jesus retomou suas vestes.

A crucificação seria no monte Calvário, (Gólgota em aramaico). Significa caveira, talvez porque havia ali uma formação rochosa com a aparência de um crânio humano. A tradição cristã consagraria a expressão como símbolo de sofrimentos redentores. No local há hoje um templo, denominado Igreja do Santo Sepulcro.

Impuseram-lhe a cruz, mais exatamente a trave horizontal. Seria muito pesado carregar todo o madeiro. A haste vertical ficava no local da crucificação, já fincada no solo.

Mesmo assim não era fácil. Calcula-se que o madeiro teria perto de dois metros e meio de comprimento e quarenta quilos.

Seguiam junto dois ladrões, também condenados.

Percorreriam aproximadamente seiscentos metros.

Caminhada torturante para Jesus, exausto pelos maus tratos, a esvair-se em sangue.

Os guardas convocaram um transeunte, de nome Simão, para ajudá-lo. Consta que era pai de Alexandre e Rufo, dois jovens que, segundo a tradição, acabaram convertidos. Talvez o mesmo tenha acontecido com o pai..

Simão era nascido em Cirene, no norte da África. A tradição fixaria sua naturalidade, cireneu, como sinônimo de solidariedade.

✶✶✶

Acompanhando os condenados estavam aqueles que haviam imposto a morte de Jesus, mas havia, também, simpatizantes.

Eram principalmente mulheres, corajosas seguidoras que choravam sua morte.

Em dado momento, Jesus lhes dirigiu a palavra:

— Filhas de Jerusalém, não choreis por mim, mas chorai por vós mesmas e por vossos filhos! Porque eis que virão dias em que se dirá: Felizes as estéreis, os ventres que não geraram e os seios que não amamentaram! Então começarão a dizer às montanhas: Caí sobre nós! E às colinas: Cobri-nos! Porque se fazem assim com o lenho verde, o que não ser fará ao seco!

Jesus uma vez mais exercitava a clarividência, contemplando o futuro. Previa a destruição de Jerusalém, promovida pelo general romano Tito, perto de quarenta anos depois, dando início à diáspora, a dispersão dos judeus pelo mundo.

Tito não deixaria pedra sobre pedra. Quem vai a Jerusalém hoje, tem apenas referências geográficas – o local onde ficava o templo, o horto das oliveiras, o monte Calvário…

***

Chegados ao local da execução, deram aos condenados uma beberagem – vinho misturado com mirra e fel. Tinha efeito anestesiante, embotando as sensações. Costumava ser oferecido por piedosas mulheres, que pretendiam minorar seus padecimentos.

O Mestre provou, mas não quis a bebida.

Normalmente, quatro soldados romanos encarregavam-se da crucificação. Naquela manhã havia também um centurião, provavelmente em face do prestígio de Jesus.

Pregavam os condenados pelos punhos na haste horizontal. Posteriormente suspensa, era fixada no madeiro vertical.

Depois eram pregados os dois pés, um sobre o outro, com um cravo ou, separadamente, com dois cravos.

Havia um supedâneo, assim chamada a base que ficava sob os pés. Servia de apoio, evitando que o peso do corpo o fizesse despregar-se, rasgando suas carnes.

Obviamente, era muito doloroso. A cruz era o pior tipo de execução, o mais humilhante, em tormentosa lentidão. O crucificado chegava a ficar dias exaurindo-se, sofrendo dores lancinantes.

Segundo a cronologia evangélica, seriam nove horas da manhã quando Jesus foi crucificado, juntamente com os dois ladrões.

Os crucificados ficavam nus. Aparentemente, por deferência especial, permitiram que Jesus tivesse uma toalha cingindo seu ventre.

Quanto aos demais pertences de uso pessoal, foram divididos pelos soldados, enquanto sua túnica era sorteada, ficando com um deles.

✳✳✳

Pilatos mandou escrever na cruz, em hebraico, romano e grego:

Jesus, o nazareno, o rei dos judeus.

Pediram os sacerdotes que escrevesse *ele disse, sou rei dos judeus*, mas o governador romano, irritado, farto daquela história, confirmou:

— *O que escrevi está escrito.*

Ficou assim mesmo.

✳✳✳

A multidão cercava de impropérios a cruz:

— *Tu que destróis o santuário e em três dias o reconstróis, salva a ti mesmo, se és filho de Deus, e desce da cruz.*

Um dos ladrões fazia coro com a multidão.

— *Não és tu o ungido? Salva a ti mesmo e a nós.*

O outro censurava sua atitude:

— *Não temes tu a Deus, por estares no mesmo julgamento? Padecemos com justiça, porque recebemos o digno castigo às nossas obras, mas este nada fez de mal.*

Acima daquelas vozes desvairadas, ouviram Jesus dirigir-se a Deus:

— *Pai, perdoa-lhes, não sabem o que fazem!*

Ele, que durante o apostolado exaltara a indulgência como condição indispensável às bem-aventuranças celestes, acendeu naquele momento o divino facho do perdão, que haveria de iluminar para sempre os caminhos do Reino.

Se o amor é a base da ação cristã pela edificação de um mundo melhor, o perdão é o seu escudo, a sua proteção.

Impossível exercitar aquele amor glorioso, que se exprime no sacrifício dos interesses pessoais em favor do bem comum, sem o exercício do perdão irrestrito.

Jesus via naqueles que o condenavam, que zombavam dele, homens frágeis e falíveis, que não tinham a mínima noção do que estavam fazendo.

Realmente, todo aquele que pratica o mal é

digno de compaixão. Não imagina os sofrimentos a que se candidata, no cumprimento da Lei de Causa e Efeito, que rege a evolução humana.

O perdão nos isenta de angústias e desajustes gerados pelo rancor, o ódio, o ressentimento, permitindo-nos viver em tranquilidade, mesmo quando perseguidos e vilipendiados.

É tão importante que podemos afirmar, categoricamente:

Os que não perdoam também não sabem o que fazem.

***

O condenado que censurou o companheiro, fixado pela tradição como Dimas, o bom ladrão, dirigiu-se a Jesus:

— *Senhor, lembra-te de mim, quando estiveres no teu Reino.*

Jesus respondeu:

— *Em verdade, eu te digo, hoje estarás comigo no paraíso.*

Os teólogos medievais situam essas palavras de Jesus como um atestado de que o arrependimento sincero nos exime de culpas.

Daí a tradição de se oferecer a alguém que se avizinha da morte a extrema unção ou, como hoje é denominada, a unção dos doentes, um sacramento que habilitaria o moribundo, desde que arrependido, a galgar as estâncias do paraíso.

A Doutrina Espírita nos ensina que o arrependimento é importante, na medida em que muda os rumos de nossa vida, mas não nos isenta do esforço por reparar o mal praticado.

Admitindo, portanto, que realmente isso tenha acontecido e que Jesus o tenha levado consigo para uma região alcandorada, haveria de ser por mero estágio reparador, com retorno obrigatório às lides humanas, para o acerto de suas contas.

***

Discípulos e simpatizantes observavam de longe os acontecimentos.

Junto à cruz estavam:

Maria, sua mãe.

Joana de Cuza, irmã de Maria.

Maria, mãe de Tiago, (menor).

Maria Madalena.
Salomé, a mãe de João e Tiago (maior).
Eram as fiéis discípulas, que sempre o haviam acompanhado.
Dos apóstolos, apenas João, junto a Maria.
Vendo-os, Jesus dirigiu-se à mãe santíssima:

— *Mulher, eis aí o teu filho!*

Depois, a João:

— *Eis aí a tua mãe!*

A indicação revelava sua solicitude com Maria. Caberia a João, o discípulo amado, cuidar dela, na sua ausência. Segundo a tradição, ela esteve com o apóstolo até o fim de seus dias, em Éfeso.

***

Algumas horas escoaram-se.
O céu fazia-se sombrio, carregado de nuvens escuras.
Por volta de três da tarde, Jesus teria proclamado, em altas vozes:

— *Eli, Eli, lema sabachtáni?*

Segundo o evangelista Marcos, significava:

– *Deus meu, Deus meu, por que me abandonaste?*

Alguns exegetas consideram a possibilidade de um erro de tradução. Jesus estaria, na verdade, agradecendo a Deus por ter sido glorificado, não abandonado.

Alguns dos presentes imaginaram que ele estava se dirigindo ao profeta Elias.

De qualquer forma, é inadmissível que Jesus assim tenha se expressado. Jamais se sentiria abandonado por Deus ou haveria de lamentar a ausência de Elias.

Todos aqueles acontecimentos haviam sido previstos por ele. Como dissera, se o desejasse poderia convocar as milícias celestes para livrá-lo.

Ocorre que a crucificação era o supremo testemunho, dando a consistência às suas lições.

Não havia, portanto, por que lamentar suposta negligência divina.

***

Jesus pediu água.

Molharam uma esponja, em beberagem ordinária, misto de vinagre e água, levando-a aos seus lábios.

Então, o Mestre disse, num último alento.

– *Está tudo consumado. Em Tuas mãos, Pai, entrego o meu Espírito.*

Era o ato final do Drama do Calvário.
O momento culminante.
Tivessem os homens ali presentes o dom da vidência e observariam Jesus deixando tranquilo a veste carnal, recebido por plêiades de Espíritos superiores que vinham dar-lhe as boas vindas.
Era o governador da Terra, o supremo senhor de nossos destinos, preposto de Deus, que retornava vitorioso às paragens celestes.
Deixava um rastro de luzes, marcado por lições e exemplos, onde a manjedoura e a cruz ficavam como símbolos da redenção humana.
Humildade, na manjedoura.
Sacrifício, na cruz.
Constituiriam a bandeira de todos os seus seguidores, inspirando-os na divina edificação do Reino.

Diz André Luiz, em psicografia de Chico Xavier:

A multidão aplaudia, em delírio, a causa triun-

fante dos crucificadores.

Mas o Cristo, sereno e resignado, pregado no madeiro da infâmia, era a Causa de Deus.

Por isso, a multidão passou, mas Jesus ficou para sempre.

O SEPULTAMENTO

Mateus, 27:57-66, 28:1-8
Marcos, 15:42-47, 16:1-8
Lucas, 23:50-56, 24:1-12
João, 19:38-42, 20:1-9

Quando Jesus expirou deram-se espantosos acontecimentos:

Eis que o véu do Santuário se rasgou de alto a baixo em duas partes, a terra tremeu e as pedras se fenderam. Abriram-se os túmulos e muitos corpos de santos que tinham adormecido ressuscitavam. E, saindo das sepulturas depois da ressurreição de Jesus, entraram na Cidade Santa e apareceram a muitos.

O centurião e os soldados que participaram da crucificação, diante do que estava acontecendo, espantados e temerosos, teriam glorificado a Deus, dizendo:

— *Verdadeiramente, este homem era Filho de Deus!*

Os que haviam apupado Jesus voltavam para suas casas batendo no peito, a demonstrar arrependimento.

Descartados os excessos fantasiosos dessas narrativas, é possível ver nelas algo real e simbólico.

A ideia do véu rasgado no santo dos santos, o lugar mais sagrado do templo, pode significar um novo tempo de religiosidade livre de exterioridades, com acesso aos valores espirituais trazidos por Jesus.

Tudo seria muito simples.

A nova ordem religiosa não teria mistérios. Apenas amor.

Nada de lugares sagrados. Deus está em tudo e em todos.

A presença de Espíritos superiores, que vieram para a culminância do apostolado de Jesus, certamente foi notada.

É significativa a expressão *apareceram a muitos*.

Não foi um fenômeno objetivo que todos presenciaram, mas uma visão espiritual, observada apenas por aqueles que possuíam sensibilidade mediúnica.

✶✶✶

Para que servissem de exemplo, as autoridades romanas deixavam os cadáveres expostos na cruz, à mercê de abutres e cães.

Na Palestina, essa prática horripilante contrariava as tradições religiosas, que recomendavam o sepultamento no mesmo dia do óbito, com um detalhe: antes do anoitecer.

Oportuno lembrar que para os judeus o dia começava ao escurecer. Como era sexta-feira, à tarde, em breves horas estariam no sábado, consagrado ao Senhor, em que era vedada qualquer atividade desvinculada do culto, até mesmo um sepultamento.

Assim, foi solicitado a Pilatos que mandasse quebrar as pernas dos condenados para apressar sua morte. Os soldados cumpriram a determinação junto aos dois ladrões.

Com Jesus, já morto, foi desnecessário. Um dos soldados, que a tradição denominou Longinos, por garantia, perfurou-o com uma lança, de lado, atingindo seu coração.

Consta que do ferimento teria saído sangue e água.

A suposta água provavelmente era o líquido amarelado, seroso, do pericárdio.

***

Veio um homem rico, chamado José, natural de Arimatéia.

Era ilustre membro do Sinédrio, homem bom e justo, que discordara de seus pares no funesto julgamento.

Foi dele a iniciativa de procurar Pilatos e solicitar autorização para o sepultamento.

O governador romano estranhou que o condenado já estivesse morto, apenas seis horas após a crucificação.

Confirmada a informação junto a um centurião, José foi atendido, regressando ao Calvário.

Chegou, também, Nicodemos, o fariseu que tivera o célebre encontro com Jesus, quando falaram sobre a reencarnação.

Trouxe perto de cem libras, o equivalente a trinta quilos, de uma mistura de mirra e aloé.

A mirra é uma resina retirada da árvore que leva o mesmo nome; o aloé, uma madeira aromática, triturada. Misturadas, retardam a decomposição do cadáver.

Os dois homens fizeram a aplicação no corpo de Jesus e o envolveram em panos de linho, preparando-o para o sepultamento.

Nas proximidades havia um jardim. Nele, escavado na rocha, um sepulcro novo, pertencente a José de Arimatéia. Decidiram sepultá-lo ali mesmo, sem delongas, após o quê rolaram uma pedra enorme, fechando a abertura.

Maria Madalena e a outra Maria, mãe de Tiago, estiveram presentes, acompanhando o sepultamento.

***

Nesse ínterim, os sacerdotes reuniram-se com Pilatos e lhe disseram:

— *Senhor, lembramo-nos do que o impostor disse em vida: "Depois de três dias ressuscitarei!" Manda, pois, que o sepulcro seja guardado com segurança até o terceiro dia, para que não aconteça que os discípulos venham furtá-lo e depois digam ao povo: "Ele ressuscitou dos mortos!" Esse embuste seria pior que o primeiro.*

Pilatos concordou:

— *Vós tendes a guarda. Ide e guardai-o como entendeis.*

Rapidamente o sepulcro foi selado e soldados foram mobilizados para vigiá-lo.

Passado o sábado, ao raiar do domingo, fez-se sentir um tremor de terra, resultante da ação de um anjo, a remover a pedra que fechava o sepulcro.

Sentou-se depois sobre ela. Era luminoso como um relâmpago e brancas como a neve suas vestes.

Os guardas, apavorados, quedando-se inertes, como se estivessem mortos.

***

Nesse ínterim, Maria Madalena, a outra Maria, mãe de Tiago, e Salomé, decidiram levar aromas para ungir Jesus.

Como foi explicado, o aloé e a mirra que José de Arimatéia e Nicodemos aplicaram, retardavam a decomposição. Por isso seria possível ainda contemplá-lo, dois dias após a morte.

E diziam entre si:

— *Quem afastará para nós a pedra de entrada no sepulcro?*

Chegando, observaram que fora removida.
Entrando, a grande surpresa:
O corpo de Jesus ali não estava!
Perplexas, viram dois anjos que se apresentaram em vestes resplandecentes.
Um deles lhes disse:

— Não tenhais medo. Sei que procurais Jesus Nazareno, que foi crucificado. Por que procurais entre os mortos aquele que está vivo? Ele não está aqui, porque já ressuscitou, como havia dito.

Lembrai-vos de como vos falou, quando estava ainda na Galileia: "É preciso que o Filho do Homem seja entregue nas mãos dos pecadores, seja crucificado, e ressuscite ao terceiro dia."

Vinde ver o lugar onde o Senhor jazia. Ide prontamente e dizei a seus discípulos e a Pedro que ele ressuscitou dos mortos...

Eufóricas, as piedosas mulheres procuraram os discípulos.

Maria Madalena foi ter com Simão Pedro e João, que acorreram ao sepulcro, ali encontrando apenas o lençol que envolvera o corpo de Jesus e o lenço que lhe cobrira o rosto.

Do lenço não se tem notícia. Especula-se que o lençol seria o famoso santo sudário, relíquia que se encontra em Turim, na Itália, objeto de controvérsias quanto à sua legitimidade.

Embora um tanto céticos, Simão Pedro e João ficaram impressionados. Jesus lhes dissera que seriam cumpridas as escrituras. Estas proclamavam que o Messias ressuscitaria.

O desaparecimento, pois, do corpo, sem deixar vestígios, era motivo de funda emoção, inundando seus corações de expectativa.

***

Para as religiões tradicionais, o desaparecimento do corpo é a prova de que Jesus ressuscitou.

Admitindo-se essa hipótese, há um problema igualmente complexo a resolver. Chegaria o momento em que o Mestre haveria de partir. E daí? O que seria feito de seu corpo? Onde ficaria?

Buscando dirimir essa dúvida, os teólogos medievais resolveram que o corpo de Jesus passou por uma transubstanciação e tornou-se divino, capaz de transportar-se do plano físico para o espiritual.

Caíram no terreno fértil da imaginação.

Lembrando o próprio Jesus, no célebre diálogo com Nicodemos, *o que é nascido da carne é carne, o que é nascido do espírito é espírito* (João, 3:6). A carne não se *espiritualiza*, nem se transfere para o Além.

Deixando de lado essa fantasia e admitindo que tudo aconteceu como está registrado, podemos conceber que o Mestre providenciou para que seu corpo fosse desmaterializado.

Se o santo sudário é autêntico, sua imagem ali impressa de forma desconhecida, sem o uso de tinta, poderia ser o resultado dessa operação. Ao se transformar em energia, o corpo teria impressionado o linho, como se fora papel fotográfico.

Dirá o leitor versado em física que semelhante operação desencadearia uma explosão atômica.

Bem, admitindo que Jesus exercitava poderes que transcendiam as limitações humanas, não lhe seria difícil evitar esse *pequeno* efeito colateral.

Seja como for, ao providenciar o desaparecimento de seu corpo, Jesus procurou evitar o *culto ao cadáver* e a disputa por *relíquias* (dentes, cabelos, ossos, vestes), que fatalmente aconteceria, bem típica das tendências humanas.

Desejava que o reverenciassem com a vivencia de suas lições, jamais com a adoração de seus despojos carnais.

Assim, eliminou os traços materiais de sua passagem pela Terra.

PREPARANDO O CENÁRIO

Mateus, 28:9-15
Marcos, 16:9-13
Lucas, 24:13-35
João, 20:10-18

Pouco depois, Simão Pedro e João partiram.

Ficou apenas Maria Madalena, a chorar, saudosa.

Onde estaria Jesus? Que teriam feito do Mestre amado?

Voltando-se para o sepulcro, experimentou celeste visão.

Ali estavam dois anjos, um à cabeceira, outro aos pés do local onde estivera o corpo de Jesus.

Um deles lhe perguntou:

— *Mulher, por que choras?*
— *É que levaram o meu senhor e não sei onde o puseram.*

Alguém se aproximava.
Voltando-se, perguntou:

— *Senhor, se foste tu que o tiraste, dize-me onde o puseste, e eu o levarei comigo.*

— *Maria* — balbuciou, brandamente, o recém-chegado...

Reconhecendo-o, Maria exclamou, feliz:

— *Mestre!*

Podemos imaginar a emoção da jovem. Certamente quis beijar-lhe as mãos, demonstrar seu carinho e apreço, mas Jesus a manteve afastada:

— *Não me toques, Maria, porque ainda não fui ter com meu Pai, mas vai a meus irmãos e dize-lhes que subo para meu Pai e vosso Pai, para meu Deus e vosso Deus.*

A jovem o enxergava com os olhos da alma. Uma vidência. Como tal, Jesus era intangível. Um contato físico seria tão frustrante quanto segurar fumaça.

Ele ainda apareceu a outras discípulas, não citadas nominalmente. A preferência pelas mulheres em seus primeiros contatos espirituais evidencia como valorizava a participação feminina.

Algo prodigioso para a época. Como temos comentado, a mulher era considerada um ser inferior, mera serva do homem.

Por outro lado, premiava sua dedicação. Foram as piedosas mulheres que o acompanharam no drama do calvário e estiveram presentes na crucificação, enquanto os discípulos permaneciam de longe, à exceção de João.

Maria deu-se pressa em comunicar aos apóstolos o glorioso encontro.

Eufórica, proclamou:

Vi o Senhor!

Não lhe deram crédito.

Não podiam imaginar que uma mulher pudesse passar por experiência tão significativa!

Além disso, tinham dificuldade para lidar com aquela revelação, embora vezes inúmeras o Mestre lhes houvesse afirmado que voltaria do Além.

✱✱✱

Nesse ínterim, os guardas despertaram.

Estavam apavorados. Afinal, chamados a vigiar o sepulcro, haviam adormecido vergonhosamente. E agora, como explicar o desaparecimento do morto?

Não tiveram coragem de relatar o acontecido às autoridades romanas. Procuraram os líderes judeus.

A notícia os deixou estupefatos e terrivelmente preocupados. Era preciso evitar que o episódio fosse usado pelos galileus para proclamar que o crucificado era um ser especial, um enviado divino.

Após confabularem, deram aos soldados uma grande soma de dinheiro, recomendando-lhes:

– Direis: *"Os seus discípulos vieram de noite e o roubaram, enquanto estávamos dormindo." Se isso chegar aos ouvidos do governador, haveremos de persuadi-lo e vos livraremos de qualquer pena.*

Os guardas receberam o dinheiro e fizeram de conformidade com as recomendações, divulgando o boato.

***

Nesse mesmo dia, dois discípulos iam em direção a Emaús, aldeia nas proximidades de Jerusalém.

Um homem aproximou-se e caminhou com eles.

Vendo que comentavam os momentosos acontecimentos, perguntou-lhes a respeito.

Um deles, chamado Cleófas, respondeu-lhe:

— Tu és o único peregrino em Jerusalém que não sabe o que aconteceu nestes dias?
— O que foi?
— O que aconteceu a Jesus, o Nazareno, um profeta poderoso em obras e palavras diante de Deus e de todo o povo. Os principais sacerdotes e as nossas autoridades o entregaram para ser condenado à morte e o crucificaram. Esperávamos fosse ele quem iria redimir Israel. Agora, porém, além de tudo isso, é hoje o terceiro dia desde que essas coisas aconteceram.

É verdade que algumas mulheres, as quais estavam conosco, nos assustaram, porque indo de madrugada ao sepulcro, e não tendo encontrado o corpo de Jesus, voltaram dizendo que tinham visto uma aparição de anjos que lhes afirmaram estar ele vivo.

Foram alguns dos nossos ao sepulcro e encontraram as coisas tais como as mulheres haviam dito; mas não o viram!

Assim como acontecera com os apóstolos, os dois viajantes não davam crédito ao relato feminino.

Ficaram surpresos quando o peregrino disse-lhes, peremptório:

— *Ó insensatos, ó corações lentos para crer tudo o que os profetas anunciaram! Pois não era necessário que o Cristo sofresse todas essas coisas e entrasse na sua glória?*

Começando por Moisés e percorrendo todos os profetas, interpretou, nas escrituras, o que dizia respeito ao mensageiro divino. Tudo o que acontecera apenas confirmava as profecias.

Na entrada de Emaús os discípulos convidaram:

— *Fica conosco, porque é tarde e o dia já declina.*

À mesa, na hospedaria, o peregrino tomou o pão e o abençoou; depois o partiu e dividiu com eles, exatamente como Jesus fizera na última ceia.

Então, como se lhe abrissem os olhos, até então, velados, reconheceram estar diante do próprio Messias.

E disseram um ao outro:

— *Porventura não ardia em nós o nosso coração, quando ele nos falava pelo caminho e quando nos explicava as Escrituras?*

Diferente da aparição a Maria Madalena, Jesus ali se manifestava materializado, tangível, tanto que cortou o pão e o distribuiu. Pouco depois, aos olhos atônitos dos discípulos, desmaterializou-se.

Emocionados e eufóricos, os dois homens retornaram, apressados, a Jerusalém.

Um dos apóstolos, ao ouvir seu relato, confirmou:

— *É tudo verdade! O Senhor ressuscitou e apareceu a Simão.*

Esse encontro com Simão Pedro aparece apenas nessa citação. Paulo, na *Primeira Epístola aos Coríntios*, 15:5, também escreve, laconicamente, a respeito.

Estranho que não haja detalhes. Afinal, envolve a figura mais preeminente do cristianismo primitivo.

Mais provável tenhamos aqui mero folclore. Não era razoável que as aparições excluíssem o apóstolo. Assim, preencheu-se a lacuna com a sumária referência.

∗∗∗

Por que as primeiras manifestações de Jesus

ocorreram na periferia do movimento, diante de humildes mulheres e obscuros seguidores?

Podemos entender, considerando que o colégio apostólico desagregara-se. Os discípulos estavam dispersos, derrotados em sua escassa fé.

Ao impacto daquelas manifestações viram-se na contingência de reunir-se, a fim de discutir o assunto.

Era o que Jesus desejava. Completava-se o cenário para suas decisivas intervenções.

VENCENDO A MORTE

Marcos, 16:14-18
Lucas, 24:36-49
João, 20:19-29

As notícias alvissareiras sobre as aparições de Jesus, embora encaradas com ceticismo, foram motivo de emoção para a pequena comunidade cristã.

Havia, ainda, o insólito desaparecimento de seu corpo.

Os discípulos viviam momentos de ansiosa expectativa. Sentiam que algo de muito importante estava para acontecer.

Precisavam de estímulo. A morte de Jesus precipitara todos no desalento, principalmente pelo fato de que haviam fugido aos testemunhos, como um bando de colegiais amedrontados.

Pesava-lhes a defecção.

Pior: sentiam-se qual barco sem timoneiro.

Enquanto Jesus estava a seu lado, tudo lhes parecera fácil. O Mestre tinha pronta solução para os problemas, dirimia as dúvidas, superava as dificuldades, sustentava o ânimo do grupo.

Após sua morte, era como se lhes faltasse o chão debaixo dos pés, perdidos naquele terrível desencadear de acontecimentos.

Muito haviam aprendido nos três anos de convivência fraterna e muito tinham para oferecer.

Entretanto, naqueles dias angustiantes não se sentiam animados ao cumprimento das recomendações tantas vezes ouvidas. Permaneciam em pesada expectativa, como que a espera do socorro do Céu, que viesse reavivar a fé, a esperança e o bom ânimo, que bruxuleavam em seus corações.

***

À tardezinha, em pleno domingo, deu-se a reunião do colégio apostólico.

Ausente apenas Tomé.

Ali estavam os homens escolhidos por Jesus para disseminar sua doutrina; que ergueriam bem alto seu nome; que dariam a vida pela causa evangélica; que seriam aclamados pelas gerações futuras como santos e heróis.

Naquele exato momento eram apenas obscuros

galileus, frágeis, temerosos, desanimados…

E eis que a sala fez-se plena de luz e surgiu a figura augusta do Messias, a dizer, como nos dias venturosos do passado:

– *Paz esteja convosco!*

***

Segundo o relato evangélico, a primeira reação do grupo foi de medo. Parece estranho, leitor amigo, mas é o que está registrado: medo e espanto.

Um fantasma!

A ignorância induz as pessoas a encarar de forma negativa e ameaçadora qualquer manifestação da espiritualidade. É um atavismo psicológico que todos trazemos, fruto de velhas superstições.

A ortodoxia religiosa, por sua vez, nada faz para mudar esse quadro, situando tais fenômenos como manifestações do demônio.

Diríamos manifestações dos Espíritos maus, já que para o Espiritismo não há seres demoníacos. São apenas filhos de Deus transviados, submetidos a leis inexoráveis, que mais cedo ou mais tarde os reconduzirão aos roteiros do Bem.

E por que apenas o Espírito mau haveria de ter

poderes para superar as barreiras que separam o plano físico do espiritual?

Seria atribuir-lhe poderes que escapariam aos Espíritos bons. Absurdo! O Bem é infinitamente mais poderoso!

Ante o susto dos companheiros, Jesus os tranquilizou:

— Por que estais perturbados? Por que se levantam essas dúvidas em vossos corações? Vede minhas mãos e meus pés, sou eu mesmo. Apalpai-me e vede, pois, um Espírito não tem carne, nem ossos, como vedes que eu tenho.

Para que não pairasse dúvida de que ele ali estava, visível, tangível, algo mais que um simples fantasma, pediu:

— Tendes algo para comer?

Então lhe serviram um pedaço de peixe assado e um favo de mel, que Jesus tomou e comeu, diante deles.

***

O Espiritismo nos apresenta dois tipos de fenômenos mediúnicos: efeitos físicos e efeitos inteligentes.

Se, num recinto público, apenas eu vejo um Espírito ao meu lado, é um fenômeno subjetivo, de efeito inteligente, uma experiência eminentemente pessoal, que se desdobra na intimidade de minha consciência.

Se todos os presentes o veem, estamos diante de um fenômeno de efeitos físicos. É como se o Espírito se revestisse de matéria, o ectoplasma, exteriorizado pelos médiuns dotados dessa faculdade. Foi assim que Jesus apresentou-se diante do colégio apostólico.

✳✳✳

Para os teólogos, a ressurreição do corpo.
Para o Espiritismo, a materialização da alma.
Qualquer seja a nossa interpretação, todos reconhecemos a grandiosidade daquele momento, seu profundo significado na própria sorte do Cristianismo.

O Evangelho era ratificado da forma mais extraordinária jamais vista – Jesus vencera a morte!

Desmistificava a temível ceifeira, situando-a por mero agente de transferência para o outro lado da vida; uma outra dimensão, que não é um compartimento estanque. Os que estão lá podem se comunicar com os que estão cá.

Esse intercâmbio é permanente. A todo momento estamos em contato com os Espíritos, sofremos sua influência, captamos seus pensamentos, embora raros tenham consciência disso.

✱✱✱

Podemos imaginar a repercussão daquele acontecimento maravilhoso.

Já não eram experiências solitárias.

Todo um grupo entrara em contato com o Mestre, recebera suas instruções e sua bênção.

A notícia espalhou-se pela comunidade cristã, plena de júbilos celestes.

Tomé, entretanto, encarnando o Espírito de incredulidade, proclamou que só acreditaria se visse Jesus e tocasse suas chagas.

Tinha toda consideração pelo Mestre, situando-o como glorioso missionário divino, mas em sua cabeça não cabia aquele voltar do Além.

Os companheiros, felizes, diziam-lhe da experiência maravilhosa, sem convencê-lo. Aquelas aparições pareciam-lhe mera fantasia, na superexcitação da fé.

Passaram-se oito dias. Houve nova reunião. Desta feita o apóstolo estava presente.

E novamente surgiu Jesus entre eles, a desejar-lhe paz e bom ânimo. Aproximou-se do discípulo de fé vacilante e o convidou a tocar as chagas de suas mãos. Tomé reconheceu-se, emocionado, diante do Messias.

Como se falasse aos incrédulos de todos os tempos, Jesus proclamou:

— Creste porque viste, Tomé. Bem-aventurados os que não viram e creram.

Tomé evoca o testemunho dos sentidos.
Ver para crer.
Exercício de incredulidade.

Jesus valoriza o testemunho do coração.
Sentir para crer.
Exercício de fé.

O Espiritismo sugere o testemunho da razão.
Discernir para crer.
Exercício de racionalidade.

É a razão quem nos diz que se apenas Maria Madalena visse Jesus, poderíamos duvidar. Mas, se tantas mulheres e tantos discípulos o viram, em circunstâncias variadas, não há por que negar o fenômeno. Altamente improvável tratar-se de suposta alucinação coletiva ou mistificação.

Da mesma forma, se médiuns como Chico Xavier recebem a manifestação de milhares de Espíritos desencarnados, que se identificam pelo nome, pelas lembranças, pelas referências, pelo relato das circunstâncias de sua morte, não há como contestar.

Assim como Jesus, eles superam as barreiras que separam o mundo físico do espiritual, para nos oferecer sua gloriosa mensagem de imortalidade.

Teorias materialistas que reduzem essas manifestações a criações da mente humana, são sempre insatisfatórias, meras fantasias diante da realidade revelada pela Doutrina Espírita.

Sabem disso os que estudam esses fenômenos com isenção e, particularmente, as pessoas que passam por experiências relacionadas com o assunto.

Com base no estudo da Doutrina Espírita, podemos dizer:

– Acredito porque sei!

A PESCA MILAGROSA

João, 21:1-14

Após os maravilhosos contatos com Jesus, em Jerusalém, os discípulos retornaram à Galileia.

Aguardavam novas instruções sobre o que lhes competia fazer, na disseminação dos princípios sagrados de que eram portadores.

Já instalados em Cafarnaum, Pedro dispôs-se a sair de barco para pescar. Seis companheiros – Tomé, Natanel, João, Tiago e dois outros – o acompanharam.

Passaram a noite em infrutíferas tentativas com as redes. Não conseguiram um único peixe. Ao amanhecer, retornaram. Na praia um homem lhes acenava. Pararam de remar e puderam ouvi-lo, recomendando:

– Lançai a rede à direita do barco.

Os pescadores firmaram a vista. Aquele vulto parecia familiar. Mas, que estranha recomendação, tão enfática!

Decidiram obedecer. Lançaram a rede como lhes fora recomendado. Momentos depois, surpresos, verificaram que quase não a podiam puxar, tão grande era a quantidade de peixes presos em suas malhas.

Nesse momento, João, comovido, identificou o homem da praia:

— *É o Senhor!*

Com a impetuosidade que o caracterizava, Pedro cingiu-se com uma túnica e lançou-se nas águas do Tiberíades. Estavam a cerca de duzentos côvados, equivalente a uma quadra, perto de noventa metros.

Nadava com vigor, aproximando-se rapidamente da praia, seguido pelos companheiros no barco. Este avançava mais lento, rede sobrecarregada. Minutos depois, a euforia do reencontro.

Viram um peixe, num braseiro. O Mestre preparava a refeição. Pediu-lhes mais alguns.

Pedro arrastou a rede. Contou cento e cinquenta e três peixes grandes. Constatou, admirado, que, apesar do peso, as malhas estavam intactas.

Vários foram entregues ao Mestre, que terminou de prepará-los. Depois os convidou a comer.

***

Pela terceira vez Jesus apresentava-se diante do colégio apostólico. Também o fizera, anteriormente, a Maria Madalena, a um grupo de mulheres, a dois simpatizantes no caminho de Emaús...

Segundo a exegese bíblica, houve ao todo onze aparições.

Observe, leitor amigo – elas trabalham contra a concepção teológica da ressurreição. Por que haveria Jesus de visitar os companheiros, se, ressuscitado, teria permanecido com eles?

Mais lógico conceber que o Mestre materializava-se em ocasiões oportunas, buscando sedimentar no grupo a convicção de que a morte não os separaria.

Ele não se refugiara em regiões siderais, à distância das misérias humanas. Continuaria com seus seguidores, em todas as situações, amparando-os nos mais difíceis testemunhos.

O estoicismo dos cristãos, ante as dificuldades e perseguições, tinha muito dessa certeza.

Por maiores fossem as lutas e as dores; por mais árduos os testemunhos; por maiores os sofrimentos, valia a pena tudo enfrentar por aquele Mestre generoso, que os amparava em todos os caminhos, e acenava com uma eternidade de bênçãos àqueles que guardassem fidelidade aos seus princípios.

***

Se Jesus atravessava, tranquilo, as fronteiras que separam o mundo físico do espiritual, a Terra do Além; se afirmava que tudo o que fazia podemos fazer, por que não haveriam de exercitar esse mesmo trânsito os nossos amados que partem, oferecendo-nos gloriosa mensagem de imortalidade?

Um dos grandes erros do dogmatismo religioso medieval foi negar a possibilidade desse intercâmbio, a ameaçar com a fogueira aqueles que o tentassem.

A Doutrina Espírita o reinstituiu, mostrando que nossos amados não estão em compartimentos estanques, à distância das cogitações humanas.

Eles nos veem, nos acompanham, nos ajudam, torcem por nós, comunicam-se conosco, principalmente durante as horas de sono, quando nos afastamos do corpo. Encontros maravilhosos, que registramos palidamente, na forma de sonhos.

Embora disso não tenhamos consciência, o contato com aqueles que partiram, nesse mergulho no Além facultado pelo sono físico, é valioso alento, ajudando-nos a enfrentar os desafios existenciais.

Exemplo típico das bênçãos prodigalizadas pelo conhecimento espírita está no velório em família espírita. O ambiente é de serenidade, sem manifestações de desespero, inconformação ou revolta, mesmo quando se trata da morte em circunstâncias trágicas.

Não que haja isenção de sofrimento. É sempre dolorosa a separação, porém ameniza-se a dor pela submissão ao inexorável, à vontade de Deus, em face da visão das realidades espirituais que o Espiritismo nos oferece.

A Doutrina, como diz o ditado, *mata a cobra e mostra o pau*.

Mata a cobra – a morte.

Mostra o pau – o contato com os *mortos*, que comprova a sobrevivência.

✸✸✸

O encontro de Jesus com os discípulos, às margens do Tiberíades, oferece precioso simbolismo.

Figuradamente, somos pescadores no mar da vida, a jogar, diariamente, a rede de nossos interesses e iniciativas, buscando alimento que sacie nossa fome de conforto e paz.

Geralmente, mal orientados pelo egoísmo, que é o móvel das ações humanas, lançamos a rede do lado errado, envolvendo ilusões, vícios, ambições... Talvez colhamos pedras reluzentes de vida mundana, cujo brilho nos atrai em alegre expectativa.

Há pessoas que vivem relativamente bem, assim.

É uma questão de sensibilidade. Para quem tem estômago de avestruz, pedra ajuda na digestão.

Mas sempre chega o momento de mudar. O imediatismo, as ambições, os vícios, acabam por cansar.

As pedras já não fazem sentido. Difícil digeri-las.

O corpo reclama, ficamos doentes...

O Espírito reclama, ficamos infelizes...

Cuidados médicos especializados amenizam nossos males, mas fica o vazio, a sensação de crônica insatisfação.

É preciso, segundo Jesus, jogar a rede do lado certo. Buscar alimento para o Espírito, envolvendo o aprendizado dos valores morais, o esforço de renovação, o empenho por definir as razões da existência humana, considerando que não estamos aqui em jornada de férias.

Há finalidades específicas, que nos compete descobrir.

A Doutrina Espírita vem numa vanguarda de esclarecimento nesse sentido. Ensina que somos viajores da eternidade em trânsito pela Terra, e que tanto mais felizes seremos quanto maior o nosso empenho por cumprir as leis divinas, enunciadas no Evangelho.

O Espiritismo é Jesus de volta, na praia de nossos anseios existenciais, sugerindo:

Jogai a rede do lado certo!

APASCENTAR AS OVELHAS

João, 21:15-17

Após a refeição que oferecera aos discípulos, Jesus conversou com Simão Pedro.
Em dado momento, perguntou-lhe:

— *Simão, filho de Jonas, tu me amas?*
— *Sim, Senhor, tu sabes que te amo.*
— *Apascenta as minhas ovelhas.*

Após breve pausa, reiterou:

— *Simão, filho de Jonas, tu me amas?*
— *Sim, Senhor, tu sabes que te amo.*
— *Apascenta as minhas ovelhas!*

Novo silêncio, nova expectativa, e a mesma indagação:

— *Simão, filho de Jonas, tu me amas?*

O apóstolo entristeceu-se com aquela insistência, que parecia transpirar um sentimento de dúvida quanto à sua fidelidade.

— *Senhor, conheces todas as coisas e sabes que te amo!*
— *Apascenta as minhas ovelhas.*

***

Não apenas Simão Pedro, mas outros discípulos presentes terão estranhado que o Mestre houvesse indagado três vezes quanto à autenticidade de seu afeto.

Obviamente, Jesus tinha plena consciência do carinho que os companheiros lhe devotavam.

Mas sabia, também, que na gloriosa jornada de divulgação do Evangelho haveriam de enfrentar problemas e dificuldades, lutas e perseguições.

Para que obtivessem sucesso, fundamental o amor pela causa. Somente assim teriam o ânimo necessário para perseverar.

Ao insistir com Simão Pedro, Jesus passava essa mensagem à comunidade cristã.

O amor por ele deveria derramar-se no trabalho

que lhes competia. Apascentar as ovelhas seria transmitir suas lições pelo exemplo de amorosa dedicação ao Bem.

***

No que fazemos de melhor, em qualquer setor de atividade, há sempre um componente básico: o amor.

A melhor dona de casa, o melhor chefe de família, o melhor funcionário, o melhor empresário, o melhor atleta, será sempre aquele que se dedica às suas funções, não por obrigação, dever ou interesse, mas, simplesmente, por amar o que faz.

Nos serviços de voluntariado, cursos e reuniões mediúnicas, no Centro Espírita, distinguem-se claramente os que participam com o objetivo de receber benefícios daqueles que o fazem por amor.

Os primeiros são inconstantes. Pouco assíduos, afastam-se à primeira dificuldade ou divergência, ao primeiro problema particular. Não se pode contar com eles.

Os segundos empenham-se, têm imaginação, desenvolvem as tarefas, aprimoram os serviços, doam-se em boa vontade, dedicação, carinho pelo serviço.

No CEAC, em Bauru, há múltiplos departamentos, envolvendo evangelização, mocidade, creche, biblioteca, livraria, clube do livro espírita, albergue, centro de triagem de migrantes, casa de passagem, núcleos de periferia, orientação às gestantes, assistência hospitalar, assistência às prisões...

Embora sejam serviços diversificados, têm um ponto em comum: cada um deles foi montado e é sustentado por idealistas, que amam o que fazem!

***

Há uma história interessante a esse respeito, envolvendo excelente mãe de família.

Cozinheira de mão cheia, fazia quitutes de dar água na boca. Seus bolos eram uma tentação, verdadeiro manjar dos deuses.

Seu segredo: uma caixa metálica. Havia ali um ingrediente mágico que sua mãe lhe dera. Dava sabor especial a qualquer alimento que preparasse.

Não deixava ninguém pegar na caixa. Seu conteúdo, dizia, era extremamente volátil, poderia perder-se e não havia como repor.

Submetendo-se a uma cirurgia, esteve alguns dias hospitalizada. O marido ficou perdido. A esposa era a luz que iluminava sua existência, isso sem falar nos manjares dos deuses que preparava.

À noite, sozinho em casa, imaginou o que comer.

Abriu a geladeira e pegou um pedaço de bolo feito pela cara-metade. A delícia de sempre!

Enquanto comia, abriu um armário e viu a misteriosa caixa.

Baixou nele o espírito feminino – a curiosidade.

Se você, leitora amiga, não gostou desse "espírito feminino", lembre-se de que segundo a fantasia bíblica, perdemos o paraíso por causa da curiosidade de Eva.

Bem, essa é outra história.

Com infinito cuidado, abriu a caixa. Para sua surpresa, estava praticamente vazia. Tinha apenas um pedaço de papel dobrado.

Abriu. Era um bilhete singelo de sua sogra.

Minha filha, em tudo o que fizer, acrescente uma pitada de amor.

Era esse o seu segredo.
Fazer com amor!
Nem deveria ser segredo.
É algo que todos precisam saber.
Se quisermos fazer bem, façamos com amor.
Era isso que Jesus esperava dos discípulos.
Esse amor ao trabalho, amor ao que fazemos, amor ao ideal, é algo espontâneo, entranhado em nós,

mas nasce, também, a partir de elementar iniciativa:

Aprender a gostar do que fazemos, ainda que convocados a fazer algo de que não gostamos.

***

Em *O Evangelho segundo o Espiritismo* Allan Kardec evidencia que a Doutrina Espírita é Jesus de retorno, na excelência de seus ensinamentos.

É o Consolador prometido, o Espírito de Verdade que nos traz lições e esclarecimentos que não tínhamos condições para receber há dois mil anos.

E se o Espiritismo é bom para nós, oferecendo-nos ampla visão dos porquês da Vida, há de ser bom, também, para aqueles que nos rodeiam.

Importante, portanto, que nos disponhamos à sua divulgação.

E como fazê-lo com eficiência?

O caminho é o mesmo preconizado por Jesus.

É preciso que tenhamos amor pelo Espiritismo, que nos envolvamos com seus princípios, procurando vivenciá-los.

A base sobre a qual devem ser erigidas as edificações mais nobres da Doutrina, hoje e sempre, é o nosso comportamento.

Não há outra maneira de demonstrarmos a excelência dos princípios espíritas senão incorporando-os à própria existência.

Que sejamos tão cordatos, honestos, respeitosos, diligentes, íntegros, que as pessoas olhem para nós e digam:

– O Espiritismo deve ser algo sublime, para forjar um caráter tão nobre, uma tal pureza de sentimentos!

***

Obviamente, a vivência da doutrina implica, também, no empenho de apascentar as ovelhas, como ensina Jesus.

Apascentar, no sentido evangélico, seria cuidar.

Quem são as ovelhas?

A tradição religiosa pretende sejam os que aceitam Jesus e passam a fazer parte de seu rebanho. Diversas seitas cristãs consideram ovelhas apenas os irmãos de fé.

Já ouvimos de pregadores evangélicos a inacreditável afirmação de que são filhos de Deus os que foram batizados em suas crenças.

Os de fora são apenas criaturas.

Considerando que somente trinta por cento dos habitantes da Terra são cristãos, chegamos à espantosa conclusão de que setenta por cento estão à margem da paternidade divina e de suas graças.

E como, segundo essas doutrinas, Jesus é o caminho para o Céu, dois terços da Humanidade jamais terão acesso, porque sequer o conhecem.

Isso é discriminação, algo inconcebível no cristão.

***

A Doutrina Espírita nos oferece uma visão mais racional e lógica. Todos somos filhos de Deus, seja qual for a nossa raça, nacionalidade ou crença.

E Jesus não é o pastor de algumas ovelhas.

É o pastor de todas as ovelhas.

É o governador de nosso planeta, que assumiu perante Deus o compromisso de nos conduzir pelas sendas do progresso, rumo à perfeição.

Então, o católico, o evangélico, o espírita, tanto quanto o budista, o muçulmano, o judeu, o hinduísta, o xintoísta, ou o próprio materialista, somos todos filhos de Deus, orientados pelo Cristo.

Mesmo os que não o conhecem ou não o aceitam como guia, pertencem ao seu rebanho, da mesma forma que alguém que desconhece ou renega o pai não deixa de ser seu filho.

Seja qual for a nossa nacionalidade, raça ou crença, permanecemos todos sob a égide de Jesus, conduzidos por suas mãos compassivas. Ainda que demande o concurso dos milênios, terminaremos em seus caminhos.

O que o Mestre espera de nós, que já o conhecemos, é que estejamos dispostos a colaborar em sua Seara.

Quando chegar a nossa hora, quando retornarmos à vida espiritual, a avaliação básica, como cristãos, será:

Quantas ovelhas apascentamos, quanto amor demos ao semelhante, no esforço do Bem?

O RETORNO DE JESUS

João, 21:18-23

Prosseguindo o diálogo com os discípulos, Jesus dirigiu-se a Pedro:

— Em verdade, em verdade, te digo: quando eras mais moço, tu te cingias e andavas por onde querias. Mas, quando fores velho, estenderás as mãos e outro te cingirá e te levará para onde tu não queres.

Trata-se de um aforismo, relacionado com a mocidade e a velhice.
O jovem se cuida; o velho é cuidado.
O jovem tem a iniciativa; o velho, a dependência.
No contexto evangélico Jesus queria dizer que o apóstolo teria uma morte não desejável, como de fato aconteceu, martirizado em Roma.

***

Acrescenta Jesus ao apóstolo:

— *Segue-me.*

Essa expressão tem sido empregada em todos os tempos, como um forte apelo aos que se afinam com o Evangelho.

Aquele que realmente sente a grandeza e o significado dos ensinamentos de Jesus, é convocado a acompanhar o Mestre, a partir da suprema orientação — fazer ao semelhante o bem que gostaríamos nos fosse feito.

Virando-se, Pedro viu que João também os acompanhava. Perguntou:

— *Senhor, e este?*

Era como se perguntasse se João também passaria pelos seus testemunhos. Recebeu enigmática resposta:

— *Se eu quero que ele fique até que eu venha, que te importa? Segue-me tu.*

Aparentemente, João não teria o mesmo destino.

Imaginou-se que ele não morreria enquanto Jesus não voltasse para suposto juízo final.

Quando o apóstolo morreu, em idade avançada, houve grande decepção na comunidade cristã.

Jesus não viera.

Não obstante, permaneceu a convicção de seu retorno em remoto futuro.

O tempo passou e ele não chegou, contrariando datações que se sucediam.

Na virada do primeiro século...

Ao completar-se o primeiro milênio...

Ao final do segundo, a expectativa era grande. Havia até um vaticínio supostamente contido nos Evangelhos:

De mil passou, a dois mil não chegará.

Algumas seitas pretenderam definir datas, frustrando-se quando elas chegaram e nada aconteceu.

Apesar desse fracasso, ainda hoje se cultiva, intensamente, a ideia de que o Mestre está para chegar.

Em fachadas de casas, em decalques em automóveis, em para-choques de caminhões, frases enfatizam:

Jesus está chegando!

E alguns, no afã de se dizerem merecedores do Mestre, adotam afirmativas assim:

Eu sou de Jesus!

E tudo passa a ser de Jesus.
Em alguns automóveis, a expressão:

Propriedade de Jesus.

Um ladrão preso após roubar um carro que estampava essa frase, justificou:
— Ganhei de Jesus!

***

Jesus virá, realmente?
Fazer o quê?
A mensagem maior, já nos ensinou: o amor.
É a essência do Universo, o hausto criador de Deus, a força suprema que preside o equilíbrio dos astros.
Dizem alguns:
Haverá o julgamento!
Danação eterna para os maus!
Eternas benesses para os bons!

E onde fica a infinita misericórdia de Deus, que pressupõe oportunidades infinitas de reabilitação para os transgressores das leis divinas?!

Pior – estaria comprometida a Justiça perfeita de Deus, já que não há crimes, por mais tenebrosos, que justifiquem o castigo sem fim, partindo de elementar princípio: a extensão da pena não pode ultrapassar a natureza do crime.

Seria o mesmo que condenar alguém à prisão perpétua pelo roubo de um pão.

Uma vida de crimes, muitas vidas de crimes, representam mera gota-d'água no oceano da eternidade!

***

Não há por que esperar pelo Cristo.

Compete-nos ir até ele no Reino de Deus, que, conforme ensina o Mestre, está dentro de nós.

Então, esse encontro sagrado ocorrerá, na intimidade de nosso próprio coração, quando nos dispusermos, com todas as forças de nossa alma, a atender àquele segue-me, com que o Mestre nos convoca desde sempre.

OS QUINHENTOS DA GALILEIA

I Coríntios, 15:6-7

Há importante episódio relativo às materializações de Jesus, ao qual não fazem referência os evangelistas.

É lembrado pelo apóstolo Paulo:

Depois foi visto, uma vez, por mais de quinhentos irmãos, dos quais vive ainda a maior parte, mas alguns já dormem.

Afora a fantasia de que dormem os que morreram, é significativa a informação de que "mais de quinhentos irmãos" tiveram um encontro com Jesus, na Galileia.

Curioso que episódio de tal magnitude tenha passado batido, ensejando apenas a lacônica referência de Paulo. Qual o objetivo do Mestre? O que teria exposto aos discípulos?

Aqui, leitor amigo, seria oportuno apelar para a historiografia espírita.

Há *O Evangelho segundo o Espiritismo*, em que Allan Kardec comenta a moral evangélica.

Dia virá em que teremos um *Evangelho segundo a Espiritualidade*, um relato minucioso de acontecimentos importantes, a partir de informações colhidas nos arquivos de além-túmulo, preenchendo lacunas históricas.

É o que temos no livro *Boa Nova*, psicografado por Francisco Cândido Xavier. Nele, o Espírito Humberto de Campos demonstra que aquele encontro na Galileia foi extremamente importante. Teria ocorrido no mesmo sítio aprazível que foi palco do inesquecível Sermão da Montanha.

Ali, juntamente com os apóstolos, estavam reunidos os discípulos que participariam do movimento inicial do Cristianismo e que dariam os grandes testemunhos de dedicação à causa, a fim de que o Evangelho se fixasse na Terra.

Humberto de Campos reporta-se ao discurso de Jesus aos companheiros presentes, oferecendo-nos farto material para reflexão.

Alguns tópicos:

Amados... eis que retomo a vida em meu Pai para regressar à luz do meu Reino!... Enviei meus discí-

pulos como ovelhas ao meio de lobos e vos recomendo que lhes sigais os passos no escabroso caminho. Depois deles, é a vós que confio a tarefa sublime da redenção pelas verdades do Evangelho. Eles serão os semeadores, vós sereis o fermento divino. Instituo-vos os primeiros trabalhadores, os herdeiros iniciais dos bens divinos.

Jesus sabia das dificuldades para fixar seus princípios no Mundo. A luz do Evangelho fatalmente incomodaria multidões atreladas ao imediatismo terrestre, dominadas por vícios e ambições. Havia o risco de perderem-se suas lições.

Daí a convocação daqueles Espíritos indômitos, habitantes das Esferas Superiores, que compuseram a primitiva comunidade, preparados pelo Mestre para sustentar o ideal cristão e sedimentá-lo no solo precário das mazelas humanas.

… Para entrardes na posse do tesouro celestial, muita vez experimentareis o martírio da cruz e o fel da ingratidão… Em conflito permanente com o mundo, estareis na Terra, fora de suas leis implacáveis e egoístas, até que as bases do meu Reino de concórdia e justiça se estabeleçam no espírito das criaturas…

Não seria fácil a tarefa de fincar as bases da fraternidade humana num mundo dominado pelo egoísmo. Haveria perseguições e dores, como de fato ocorreu.

Os discípulos deveriam estar bem conscientes disso, dispostos a seguir os passos de Jesus nos mais duros testemunhos, envolvendo o sacrifício da própria vida.

Séculos de luta vos esperam na estrada universal. É preciso imunizar o coração contra todos os enganos da vida transitória, para a soberana grandeza da vida imortal. Vossas sendas estarão repletas de fantasmas de aniquilamento e de visões de morte. O mundo inteiro se levantará contra vós, em obediência às forças tenebrosas do mal, que ainda lhe dominam as fronteiras.

Os componentes daquele grupo de elite haveriam de reencarnar inúmeras vezes.

Sempre ligados ao Evangelho, enfrentariam perseguições cruéis, movidas pelos Espíritos inquietos que dominavam os poderes do mundo. Estes não teriam complacência, empenhados em apagar as celestes luzes que se derramavam sobre a Terra, consubstanciadas nos ensinamentos de Jesus.

Mas, no desenrolar das batalhas incruentas do coração, quando todos os horizontes estiverem abafados pelas sombras da crueldade, dar-vos-ei da minha paz, que representa a água viva. Na existência ou na morte do corpo, estareis unidos ao meu Reino. O mundo vos cobrirá de golpes terríveis e destruidores, mas, de cada uma das vossas feridas, retirarei o trigo luminoso para os celeiros infinitos da graça, destinados ao sustento das mais ínfimas criaturas. Quando tombardes, sob as arremetidas dos homens ainda pobres e infelizes, eu vos levantarei no silêncio do caminho, com as minhas mãos dedicadas ao vosso bem.

As promessas de Jesus têm sido rigorosamente cumpridas. Os discípulos sinceros, dispostos à vivência cristã, são amparados e sustentados nos mais duros testemunhos.

Dificuldades, lutas, perseguições, foram superadas, ao longo dos séculos, para que o Evangelho se estabelecesse em definitivo na Terra, marco de luzes para a edificação do Reino de Deus.

Sereis a união onde houver separatividade, sacrifício onde existir falso gozo, claridade onde campearem as trevas, porto amigo, edificado na rocha da fé viva, onde pairarem as sombras da desorientação. Sereis o meu refúgio nas igrejas mais estranhas da Terra, minhas esperanças entre as loucuras humanas, minha verdade, onde se perturbar a ciência incompleta do mundo!...

Desde o advento do Cristianismo, pontificam os verdadeiros seguidores de Jesus, desinteressados das disputas pelos primeiros lugares, empenhados simplesmente em seguir o Mestre, atendendo aos seus apelos. São eles os heróis anônimos que sustentam o glorioso facho do Evangelho.

Amados, eis que também vos envio como ovelhas aos caminhos obscuros e ásperos. Entretanto, nada temais! Sede fiéis ao meu coração, como vos sou fiel, e o bom ânimo representará a vossa estrela! Ide ao mundo, onde teremos de vencer o mal! Aperfeiçoemos a nossa escola milenária, para que aí seja interpretada e posta em prática a lei de amor do nosso Pai, em obediência feliz à sua vontade augusta!

É a convocação final de Jesus, extensiva a todos os corações sinceros, dispostos a construir um mundo melhor, a partir dos esforços no campo do Bem e da Verdade, a edificar o Reino Divino em seus corações, para que ele se estenda sobre o mundo, sob os auspícios do Evangelho.

***

Diz Humberto de Campos que naquela noite

foi confiado aos quinhentos da Galileia o serviço glorioso de Evangelização das coletividades terrestres.

Não é difícil identificá-los, ao longo dos séculos, nas lides cristãs. São aqueles que pontificam nos valores da retidão moral, da simplicidade, da disposição de servir.

Somos na Terra dois bilhões de pessoas ligadas às várias correntes do Cristianismo, envolvendo católicos, evangélicos, protestantes, espíritas…

Cresce o número de cristãos, mas o Reino de Deus demora em instalar-se, porque é lenta, muito lenta, a multiplicação de corações afinados com os quinhentos da Galileia.

É que os homens veem em Jesus o protetor que atende, que socorre, que ajuda, que ampara…

Raros enxergam o mestre que orienta, que corrige, que retifica, que espera por nossa adesão aos seus ensinos.

Os templos estão repletos de crentes, mas poucos são os cristãos autênticos.

✷✷✷

Vivemos tempos de desinteresse pelos valores espirituais, em que a preocupação fundamental das pessoas é com o imediatismo terrestre, envolvendo negócios, prazeres, sexo, vícios, dinheiro… Os que tentam seguir os passos de Jesus, tendem a ser rotulados de fanáticos e ingênuos.

Mesmo dentre os que se dispõem a frequentar os círculos religiosos, a preocupação maior é com aspectos do culto exterior, sem o cuidado essencial: fazer o Cristo repercutir no cotidiano.

Noutro dia a mídia deu grande destaque a um homem que, encontrando razoável importância perdida num trem, empenhou-se em devolver o dinheiro ao legítimo dono.

Incrível! Num país como o nosso, de população ligada ao Cristianismo, em variados círculos religiosos, tanto barulho por mero exercício de honestidade, elementar na vivência cristã! Isso porque a maioria simplesmente ficaria com o dinheiro, a proclamar que *achado não é roubado*.

Dizia Bertolt Brecht:

Infeliz o povo que precisa de heróis.

Neste contexto, herói seria o indivíduo empenhado em combater uma estrutura social iníqua, honrosa exceção no seio de um povo acomodado.

Parafraseando o dramaturgo alemão, diríamos: infeliz a sociedade em que o cumprimento de elementares deveres, como o de restituir bens que alguém perdeu, é exaltado como virtude rara.

***

Fundamental, se esperamos alcançar as esferas mais altas, que nos unamos aos quinhentos da Galileia, dispostos a "arregaçar as mangas" para os esforços do Bem, e a "agitar os neurônios", no empenho de renovação.

Não nos pede o Espiritismo que morramos pelo Cristo, mas que vivamos como espíritas cristãos, conscientes de nossas responsabilidades e deveres diante do próximo.

Somente assim deixaremos o "marca-passo" evolutivo, que caracteriza o homem comum, habilitando-nos a caminhar ao encontro de Deus, meta suprema de nossas almas.

DERRADEIRO ENCONTRO

Lucas, 24:50-53
João, 21:24-25
Atos, 1:9-11
Atos, 7:59-60
Atos, 9:1-18

Temos enfatizado, nesta série de livros sobre a vida de Jesus, que os fenômenos espíritas estiveram sempre presentes. Os últimos contatos com os discípulos foram emblemáticos.

Materializando-se inúmeras vezes, ao longo de quarenta dias, Jesus transmitiu as derradeiras instruções e preparou os companheiros para a disseminação de seus princípios.

Vale reiterar que essa convivência não se deu de forma contínua, como ocorreria com alguém de carne e osso, em mitológica ressurreição.

Havia encontros programados, em ocasiões oportunas, algo inerente aos fenômenos de materialização.

***

Segundo o relato evangélico, o último ocorreu em Betânia.

Não houve registro das derradeiras disposições de Jesus.

Certamente reiterou suas expectativas quanto à divulgação da doutrina nascente.

Relata Lucas que o Mestre elevou-se aos céus e desapareceu em meio às nuvens.

Em *Atos dos Apóstolos*, que narra as atividades iniciais da comunidade cristã, está registrado que naquela oportunidade foram vistos dois homens vestidos de branco (anjos em forma humana, segundo os fiéis) a proclamar que Jesus retornaria à Terra da mesma forma – vindo nas nuvens. É uma das muitas fantasias imaginadas pelo povo e sustentadas pela ortodoxia religiosa.

Há uma tendência em situar-se o plano espiritual nas alturas, inacessível às cogitações humanas.

No próprio meio espírita, dirigentes mal orientados, quando conversam com Espíritos perturbados presos às impressões da vida material, ordenam,

Sobe, irmão, sobe!

Ideia equivocada.

O plano espiritual, a morada dos Espíritos, é

tão somente uma projeção do plano físico.

Começa exatamente aqui, onde estamos.

É uma outra dimensão, que interpenetra a nossa.

Portanto, o Espírito não sobe para assumir sua condição de desencarnado, nem Jesus precisaria buscar as nuvens.

Simplesmente desfez a cobertura ectoplasmática, como um homem invisível que retirasse o traje que lhe emprestava visibilidade.

***

Além das materializações, aconteceram as visões, um fenômeno diferente, do qual apenas a pessoa envolvida participa.

O primeiro mártir do Cristianismo, Estêvão, que morreu apedrejado em Jerusalém, teve uma experiência dessa natureza.

Agonizante, viu Jesus:

— *Senhor Jesus, recebe o meu Espírito.*

E, de joelhos, pediu:

— *Senhor, não lhes imputes este pecado.*

Pedia perdão aos seus algozes, revelando-se aluno aplicado de suas lições.

***

Posteriormente, foi o próprio Saulo, o perseguidor implacável dos cristãos, e o maior responsável pela morte de Estêvão, quem teve a experiência inesquecível com Jesus, num dos episódios mais emocionantes do Novo Testamento.
Dirigia-se a Damasco, a fim de prender Ananias, dedicado membro da comunidade cristã. Nas imediações da cidade, estarrecido, viu Jesus, a lhe perguntar:

— *Saulo, Saulo, por que me persegues?*

E o doutor da Lei, impressionado:

— *Quem és, Senhor?*
— *Eu sou Jesus, a quem persegues. Levanta-te e entra na cidade. Lá te será dito o que te convém fazer.*

Tão intensa era a luminosidade emanada de Jesus que Saulo ficou cego. Os homens que iam com ele cumprir o mandato de prisão nada tinham visto. Julgaram que seu chefe sofrera alguma alucinação.

Seguindo a orientação recebida, Saulo permaneceu numa hospedaria por três dias, sem alimentar-se, aturdido com o episódio inusitado.

Então, Jesus apareceu a Ananias e lhe recomendou que procurasse Saulo e lhe colocasse as mãos sobre os olhos, para que voltasse a ver. O discípulo estranhou aquele cuidado com um perseguidor do Evangelho, ao que o Mestre explicou:

— *Ele é para mim um vaso escolhido, para levar meu nome perante os gentios, os reis e os filhos de Israel. E eu lhe mostrarei o quanto deve padecer pelo meu nome.*

Cumprindo a orientação, Ananias ajudou Saulo a recuperar a visão.

Preposto de Jesus, Saulo trazia sagrado compromisso na divulgação dos novos princípios. Como ocorre, não raro, transviou-se.

Ante a importância da missão que lhe fora delegada, o Mestre deu-se ao trabalho de procurá-lo pessoalmente, reajustando seu caminho.

Convertido, Saulo, que se tornou Paulo, foi o grande arauto do Evangelho. Percebeu, bem antes dos próprios apóstolos, que a mensagem de Jesus tinha características de universalidade. Servia a todos os povos, não ao povo judeu apenas. A partir daí, consagrou a própria existência à sua divulgação.

***

Há que se destacar a ação do Mestre no plano espiritual.

A tradição nos diz que foi às regiões infernais para socorrer Judas, após o suicídio, algo perfeitamente compatível com sua índole misericordiosa. Nenhum discípulo precisava tanto de sua assistência quanto aquele que se equivocara em suas iniciativas.

Simão Pedro, em sua primeira epístola, reporta-se, também, a uma "descida ao inferno", onde falou às almas atormentadas.

Conta André Luiz, em psicografia de Francisco Cândido Xavier, que Jesus é visto na Espiritualidade, acompanhado de prepostos a visitar regiões umbralinas, para ajudar os infelizes que ali estagiam.

Revelam os mentores espirituais que o Mestre recebia pessoalmente os heróis do Cristianismo, aqueles que, dando o testemunho de sua crença, morreram para que o Evangelho vivesse.

O próprio Chico Xavier, segundo alguns relatos, por intermédio de respeitáveis médiuns, teria sido recebido por Jesus, ao desencarnar.

Espíritos superiores em missão na Terra, têm encontros decisivos com o Mestre, na espiritualidade.

Tal ocorreu com Eurípides Barsanulfo.

Relata o Espírito Hilário Silva, no livro *A Vida*

Escreve, em psicografia de Francisco Cândido Xavier, que o grande apóstolo do Espiritismo em Minas foi levado, durante as horas de sono, a uma região da espiritualidade, onde passou pela inesquecível experiência de um contato com Jesus.

Observando-o triste, perguntou se era por causa dos descrentes.

O Mestre lhe respondeu que era por causa dos que conhecem o Evangelho mas não o praticam.

Conclui Hilário Silva:

E desde aquele dia, sem comunicar a ninguém a divina revelação que lhe vibrava na consciência, entregou-se aos necessitados e aos doentes, sem repouso sequer de um dia, servindo até a morte.

∗∗∗

João termina o seu relato com considerações que certamente seriam avalizadas pelos demais evangelistas:

Este é o discípulo que dá testemunho dessas coisas e as escreveu; e sabemos que o seu testemunho é verdadeiro.

Há, porém, ainda muitas outras coisas que Jesus fez e que, se fossem escritas uma por uma, creio que nem o mundo inteiro poderia conter os livros que seriam escritos.

Evidente o exagero de João, mas é razoável conceber que o relato fragmentário dos Evangelhos está longe de exprimir tudo o que se passou durante aqueles três maravilhosos anos.

Não obstante, os registros efetuados foram suficientes para promover uma revolução na sociedade humana, a partir de dois princípios báscios:

• Deus é Nosso Pai. Justo e misericordioso, trabalha incessantemente por nossa felicidade.

• Tudo que o Onipotente espera é que nos amemos uns aos outros, fazendo pelo semelhante o bem que desejamos dele receber.

Exemplos e lições de Jesus apontam nessa direção, preparando-nos para as glórias do porvir.

O grande desafio é internalizar isso tudo, superando a inércia, o acomodamento, os vícios, a indiferença...

Com o Espiritismo temos o grande impulso nesse sentido, conscientizando-nos de que é preciso tomar a iniciativa de caminhar, a fim de não sermos constrangidos a fazê-lo, atendendo à dinâmica da evolução, que costuma empregar uma mestra severa e infalível – a Dor.

ÚLTIMAS PALAVRAS

Bem, meu caro leitor, chega ao fim a tarefa a que me propus: escrever um relato linear da vida de Jesus, acompanhando, em sequência, os episódios mais marcantes, do nascimento aos derradeiros contatos com os discípulos.

Há incontáveis livros sobre o Grande Mensageiro.

Rareiam obras que o tragam para o cotidiano, o nosso dia a dia, já que foi para nos orientar, ajudando-nos a superar nossas fragilidades que veio até nós.

Foi o que tentei fazer.

Se você se motivar nesse sentido, inspirando-se na leitura dos seis livros que compõem esta série, estarei recompensado.

De qualquer forma, agradeço a Deus a maravilhosa oportunidade de realizar este trabalho, que tem iluminado meus dias.

É gratificante e inefável o contato com Jesus, a *rocha dos séculos*, sobre a qual podemos assentar com segurança nossas mais nobres aspirações.

Exercitando suas lições, imitando seus exemplos, a vida flui sorridente e feliz, mesmo quando enfrentamos os dissabores e sofrimentos, próprios da Terra, este educandário divino, onde purgamos o passado e construímos o futuro de bênçãos.

Com extraordinária sensibilidade, Carmem Cinira, em psicografia de Chico Xavier, sintetiza e ilustra com perfeição estes exercícios de literatura evangélica, ressaltando a importância de buscarmos a orientação da fé cristã na jornada humana:

– *"Donde vens, viajor triste e cansado?"*
– *"Venho da terra estéril da ilusão."*
– *"Que trazes?"*
– *"A miséria do pecado,*
De alma ferida e morto o coração.
Ah! quem me dera a bênção da esperança,
Quem me dera consolo à desventura!"

Mas a fé generosa, humilde e mansa,
Deu-lhe o braço e falou-lhe com doçura:

Antes que o Galo Cante

— "Vem ao Mestre que ampara os pobrezinhos,
Que esclarece e conforta os sofredores!...
Pois com o mundo uma flor tem mil espinhos,
Mas com Jesus um espinho tem mil flores!"